O AMOR QUE DÁ VIDA

Conheça nosso site

@editoraquadrante
@editoraquadrante
@quadranteeditora
Quadrante

KIMBERLY HAHN

O AMOR QUE DÁ VIDA

Tradução
Emérico da Gama

São Paulo
2018

Copyright © 2018 Franciscan Media

Capa
Camila Lavôr

Título original
Life-giving Love: Embracing God's Beautiful Design for Marriage
(Servant Books, 2002)

Dados Internacionais de Catalogação na Publicação (CIP)

Hahn, Kimberly

O amor que dá vida / Kimberly Hahn; tradução de Emérico da Gama. – São Paulo : Quadrante, 2018.

Título original: *Life-giving Love: Embracing God's Beautiful Design for Marriage.*

ISBN: 978-85-7465-155-2

1. Casamento - Aspectos religiosos - Cristianismo 2. Igreja Católica - Doutrinas 3. Reprodução humana - Aspectos religiosos - Cristianismo I. Título II. Série

CDD 248.482

Índice para catálogo sistemático:
1. Reprodução humana : Aspectos religiosos :
Cristianismo 248.482

Todos os direitos reservados a
QUADRANTE EDITORA
Rua Bernardo da Veiga, 47 - Tel.: 3873-2270
CEP 01252-020 - São Paulo - SP
www.quadrante.com.br / atendimento@quadrante.com.br

Sumário

Prólogo	9
Dedicatória	13
Introdução	15

PARTE I
A beleza do plano de Deus: procriação e união

O meu testemunho	19
Razões convincentes	25
A importância da *Humanae vitae*	27
Fazer caso omisso da *Humanae vitae*	29
Os frutos da obediência na fé	33
Família de Deus Uno e Trino: amantes que dão a vida e doadores que amam a vida	35
Homem e mulher criados à imagem de Deus	36
Mudaram as normas depois da queda?	38
Se Deus criasse uma sociedade diferente...	40
Relação esponsal de Deus com Israel	41
A Igreja é a esposa de Cristo	42
Como fazer que um casamento tenha êxito	44
A maternidade como serviço sacrificado	47
A soberania de Deus	48
O senhorio de Cristo	51

PARTE II
A cultura da vida contra a cultura da morte

Valorizar os filhos 59
    O valor dos filhos na nossa sociedade 60
    O valor dos filhos na Bíblia................................ 63
    O valor dos filhos para nós................................ 65
    O valor de um filho para os seus irmãos.................... 70
    Quando o filho não vem.................................... 72

A contracepção.. 75
    A Bíblia e a contracepção................................. 75
    Que revela a lei natural acerca da contracepção?.......... 77
    A conexão entre aborto e contracepção 83
    Outros perigos da contracepção 85
    A luxúria na vida conjugal: o efeito da pornografia 86
    Que acontece com a consciência?.......................... 88
    A contracepção é contra a vida, contra a mulher
      e contra o amor 89
      É contra a vida...................................... 89
      É contra a mulher 90
      É contra o amor 90

A Sagrada Comunhão e a união íntima 93
    A Sagrada Comunhão através da entrega de si mesmo.......... 93
    A união íntima das pessoas................................ 94
    Criando um novo laço de família........................... 96
    A autodoação total implica sacrifício..................... 100
    O parto: um sacrifício.................................... 104
    O sofrimento produz alegria 109
    Dar graças pelo presente 111
    Possível pelo poder do Espírito Santo..................... 113
    A entrega pessoal é fecunda............................... 114
    Preparar-nos adequadamente para receber a Eucaristia 116
    «Lembra-te do teu primeiro amor».......................... 118

PARTE III
Como viver um plano tão belo? O abraço do corpo de Cristo

Abraçar a verdade 125
    A misericórdia de Deus.................................... 125
    O nosso corpo é uma oferenda viva 126
    Mudar a forma de pensar: formar a consciência 128
    O mundo e Deus.. 130
    Os médicos do corpo...................................... 131
    Os médicos da alma: os sacerdotes 133
    Rejeitar a mentira do aborto, da esterilização e
      da contracepção....................................... 136

Abraçar a verdade com amor	141
«Caminhamos na fé, não na visão» (2 Cor 5, 7)	141
«A virtude provada produz a esperança» (Rom 5, 4)	143
«A mais excelente de todas é a caridade» (1 Cor 13, 13)	145
Oferecer ajuda prática	147
A ajuda de Maria a Isabel	148
As mais velhas ensinam as mais novas	149
O caráter sagrado da maternidade	152

PARTE IV
O plano de Deus para o matrimônio inclui mais uma alma?

Planejamento familiar natural	159
O que é?	159
O que não é o planejamento familiar natural	161
Que se entende por «razões sérias»?	164
Servidores da nossa fertilidade	167
Situações conflitivas	169
As objeções mais frequentes para abrir-nos a mais uma alma	175
Motivos físicos	176
Doença grave ou morte	176
Idade demais	179
Jovem ou imaturo demais	182
Mudanças físicas depois da gravidez	182
Seremos demasiados	184
Superpopulação	185
Motivos psicológicos	187
Recém-casados	187
Já temos filhos suficientes	189
Limitações emocionais	190
Medos	191
A crítica dos outros	193
Os conflitos são proporcionais ao número de irmãos	194
Motivos emocionais	195
Os cuidados com um filho excepcional	195
Motivos financeiros	198
Não temos dinheiro suficiente	198
O desejo de dar aos filhos tudo o que pedem	199
Motivos espirituais	200
Se um sacerdote aprova a contracepção	200
A Bíblia não foi escrita antes da tecnologia moderna?	201
Mais tempo para compromissos espirituais	202
Um dos dois insiste na contracepção	204

PARTE V
A perda da vida: abortos, crianças que nascem mortas, infertilidade e esterilização

O aborto e crianças que nascem mortas ... 209
A perda de um filho a caminho ... 209
«Sentimos muito a sua perda» ... 210
«Deu um nome ao bebê?» ... 210
«Como se sente?» ... 211
«O seu filho está com o Senhor» ... 213
A comunhão dos santos ... 214
Escrever os pensamentos, sentimentos e orações ... 217

A infertilidade ... 221
A infertilidade permanente ... 221
A infertilidade temporária ... 222
Fatores internos ... 223
Fatores externos ... 224
Fatores sociais ... 226
Há ajudas disponíveis ... 227
Ter um filho é um desejo legítimo, mas não é um direito ... 228

A esterilização ... 233
A doutrina da Igreja ... 233
A pressão social ... 235
As consequências a longo prazo ... 237
Mudança de vida ... 241

PARTE VI
Viver e deixar um legado

A chamada de Deus ao casamento ... 247
Chamados a ser fiéis ... 247
Aprender a fé ... 247
As prioridades da vida ... 248
Castidade matrimonial ... 249
Fidelidade a Deus e à sua Igreja ... 250
A chamada à fecundidade ... 250
Fecundidade espiritual ... 250
A quem amar com prioridade ... 250
A chamada ao heroísmo ... 251
O senhorio de Cristo ... 251
Generosidade heroica ... 253
Abraçar a Cruz ... 254

Prólogo

O que este livro ensina é verdade. Constitui um desafio. E muda a vida. Sei tudo isto porque tive a alegria e o privilégio de descobrir a sua verdade, o desafio que encerra e a transformação que causa, ao lado da autora, que é a minha esposa, Kimberly.

O que a Igreja ensina sobre o amor, o sexo e o matrimônio é verdade. Isto deveria ser óbvio por si só, já que nenhuma outra coisa parece trazer às famílias uma felicidade duradoura. Os críticos acusam os Papas de terem perdido o contato com a realidade e de estarem desatualizados. Mas foi «a libertação» sexual da sociedade que demonstrou não funcionar no mundo real, pois destrói lares e corações, e esmaga os corpos com a doença e as almas com o pecado.

Os ensinamentos da Igreja servem e funcionam no mundo real porque se baseiam na nossa natureza. A lei moral procede de Deus, que criou o mundo real, a natureza humana e os nossos corpos. Ele conhece-nos melhor do que nós a nós mesmos. Ama-nos mais do que nos amamos ou podemos amar os outros. Portanto, a sua lei, longe de reprimir-nos, aperfeiçoa-nos e conduz-nos pelo bom caminho. Não é mais repressiva do que possa ser um mapa para um viajante.

Isto deveria ser suficiente para aconselhá-la. Mas há mais razões, e mesmo melhores, para que seja assim: essa doutrina baseia-se não só na lei natural conhecida pela razão, mas também na lei divina confirmada pela fé.

Ao longo da história, todos os cristãos viram com clareza esta questão, até que chegou a revolução sexual do século passado e confundiu muitas mentes. O mundo antigo conhecia perfeitamente o controle da natalidade, o divórcio, o homossexualismo, o adultério e as relações pré-matrimoniais. Em muitos lugares do Império romano, essas práticas eram tão comuns como o são nos nossos dias. Não obstante, os cristãos condenavam-nas unanimemente. E a Reforma protestante assumiu essa tradição. Protestantes e católicos compartilharam uma mesma ética sexual durante quatrocentos anos a partir da Reforma. Foi só na década de trinta que as diferentes denominações protestantes foram quebrando uma a uma todas as normas nesta matéria, enquanto o Magistério da Igreja Católica se mantinha firme.

Por que a Igreja continua a defender a sua doutrina? Não por ser autoritária ou retrógrada, mas por ser verdadeira e digna de ser amada. Deixemos que o resto do mundo declare a guerra tanto à natureza humana como ao corpo humano. A Igreja prefere ajudar-nos a encontrar a salvação, a paz e a saúde nos lares felizes.

É sempre fácil fazer o que é certo? É evidente que não..., se não se empenham todas as forças e se recorre à ajuda sobrenatural do Espírito Santo. Talvez não seja fácil, mas é relativamente simples seguir o caminho da oração, do sacrifício e da autodisciplina que a tradição cristã nos detalhou claramente. Uma vez mais, são os outros caminhos que, como era de esperar, se revelam irremediavelmente difíceis, complicados e, em última instância, geradores de solidão.

Nestes tempos dominados pela mania de tudo planejar e controlar, pretende-se fazer o mesmo quanto à vida conjugal, e esta é a razão pela qual se põem tantas esperanças no planejamento dos filhos e no controle da natalidade. Mas a vida real discorre muito poucas vezes pelo caminho que planejamos. Como diz uma conhecida canção, a vida é aquilo que acontece enquanto estamos ocupados em levar a cabo outros planos.

A doutrina da Igreja muda a vida, e isso assusta muita gente, porque o plano de Deus para nós pode alterar os sonhos que forjamos a respeito da vida, da carreira e da família. Posso dar fé desta realidade. Tinha toda a minha carreira programada detalhadamente quando Kimberly e eu resolvemos deixar de usar anticoncepcionais. Tinha tudo preparado para dedicar-me a um prestigioso programa de doutorado em Aberdeen, na Escócia.

Mas o plano de Deus é sempre melhor para nós do que teria sido qualquer dos nossos maiores sonhos. Ao tornar-me pai, aprendi o que nenhum programa de doutorado poderia ter-me ensinado: aprendi a conhecer num sentido mais profundo a paternidade de Deus.

Os caminhos divinos nem sempre mudam a vida no sentido que queremos, mas sim naquele de que precisamos. Seguindo a verdade perene da Igreja em matéria de amor e sexo, Kimberly e eu alcançamos um respeito e uma gratidão mais profundos entre nós e acerca do mistério do matrimônio. Também descobrimos que não estávamos sós. Nas duas últimas décadas, foi-nos dado conhecer pessoalmente centenas de famílias que experimentaram a mesma transformação, centenas de crianças encantadoras que não existiriam se seus pais não tivessem mudado de vida e de modo de pensar. Essas crianças são portadoras de uma mensagem.

E este livro é portador dessa mensagem; procede de uma autora que sabe que está na verdade, uma verdade que constitui um desafio e que muda a existência. Ela recebeu-a com carinho do Autor da vida.

Scott Hahn

Dedicatória

Dedico este livro a Cristo, o Amante que dá vida à minha alma, e à minha alma gêmea, Scott, que me escolheu como esposa e cooperou com Deus para dar-me o presente da maternidade. Sempre estarei agradecida ao Senhor pela verdade que encontramos, e que tivemos o privilégio de viver juntos há já vinte anos.

Muito obrigado a cada um dos nossos filhos, que são parte da civilização do amor no nosso lar, fruto do nosso amor que dá vida: Michael, Gabriel, Hannah, Jeremiah, Joseph e David. E aos nossos filhos que se foram antes de nós: Raphael, Noel Francis e Angelica Frances. Que pelo seu amor e orações divulguemos fielmente a verdade.

Introdução

Este manuscrito foi concebido há muito tempo e por fim vê a luz. Anos de palestras e artigos esparsos, tentativas intermitentes de elaborar um livro completo acabaram por dar o seu fruto. Como é mais importante viver a mensagem do que escrever sobre ela, foram necessários vários períodos sabáticos que interromperam este trabalho, enquanto me preparava e dava as boas-vindas a novos filhos.

Dou graças por ter tido o privilégio de abordar nas próximas páginas a doutrina da Igreja sobre o ato conjugal e a abertura à vida. Deus chamou-nos à existência, homem e mulher, para que fôssemos imagem do seu amor que dá vida. O meu maior desejo é convidar as pessoas casadas a participar mais plenamente da vida divina e do amor de Deus.

Às vezes, há quem diga aos outros secamente: «Esta é a doutrina da Igreja. Aguente-se. Outros conseguiram!» Este modo de ver faz com que nos sintamos como que encerrados numa prisão, sem escapatória. Mas não é a maneira de exprimir a verdade dita com amor. Mais do que atar-nos, a verdade liberta-nos para que possamos ser tudo aquilo para o qual fomos criados. Por isso disse Jesus: «Conhecereis a verdade e a verdade vos libertará» (Jo 8, 32).

Tal como um jovem levanta o véu da sua noiva para que mostre a sua beleza, assim o Senhor tira o véu da sua Igreja para mostrar o esplendor da sua beleza: a verdade vivida pelos filhos de Deus. A abertura para a vida situa-se no contexto da nossa vida com Deus. Não se trata simplesmente de uma ordem a que seja preciso obedecer, mas de uma verdade que temos de viver. O meu desejo mais profundo – e o que peço ao Senhor – é que todos juntos conheçamos mais profundamente e apreciemos o desígnio divino que encaminha para a aliança matrimonial e o lugar que ocupa na chamada para a santidade que recebemos.

Parte I
A beleza do plano de Deus: procriação e união

O meu testemunho

Sou a mais velha de cinco irmãos, frutos desejados de um casamento transbordante de amor. Meus pais tinham pensado em ter um pequeno número de filhos; mas compreenderam que Deus tinha um plano melhor e consideraram-nos a cada um de nós como um tesouro, quer entrássemos nos seus planos ou não. Foi tão divertido ter crescido numa família numerosa que desejava que o meu futuro esposo quisesse ter muitos filhos. Esse desejo não se baseava tanto numa convicção de abertura para a vida, como na vontade de imitar o exemplo da minha família.

Scott e eu nos apaixonamos um pelo outro quando estávamos no *Grove City College*, na Pensilvânia; sentimos que Deus nos chamava a servi-lo juntos. Um dia, enquanto conversávamos num edifício do campus, reparei que, embora estivéssemos prometidos, nunca tínhamos falado de ter filhos, nem de quantos iríamos ter. Escolhi um momento oportuno para falar-lhe.

– Scott, você quer ter filhos, não quer?

Respondeu imediatamente:

– É claro, mas não muitos.

Pensei: «Ah não! Será que vou me casar com um *ZPGer*?» (um *ZPGer* é uma pessoa partidária do *Zero Popu-*

lation Growth, «crescimento zero da população», e que portanto limita a sua família a dois filhos para manter o atual nível de população, em vez de aumentá-lo). Respirei profundamente, procurando aparentar tranquilidade.

– Quantos são «não muitos»?

– Acho que não poderíamos passar de cinco ou seis.

Naquele instante, tive que fingir que me contentava.

– Sim, é melhor não passar de cinco ou seis – disse, contendo um sorriso.

Meses depois, numa conversa pré-matrimonial com meu pai, que é presbiteriano e além disso era meu pastor, falamos dos métodos anticoncepcionais: não se devíamos ou não utilizá-los, mas quais utilizar. Achávamos que uma das obrigações de um cristão protestante era um cuidadoso planejamento familiar, especialmente no nosso caso, porque íamos estudar teologia no seminário e não tínhamos muito dinheiro para sustentar uma família. A contracepção era obviamente a opção prudente.

Meu pai disse-me:

– O que você vai fazer para controlar a natalidade?

– Vou tomar pílula – disse-lhe.

Respondeu-me:

– Como pastor, não vejo nenhum problema; mas, como pai, tenho algumas objeções.

Dissipei os seus receios com alguns lugares-comuns que o ginecologista nos tinha repisado, e mudamos de assunto. Fim da conversa. Papai sabia que, à medida que o nosso amor conjugal crescesse, cresceria o nosso desejo de ter filhos. De momento, o centro das atenções éramos nós e o nosso futuro casamento.

A cerimônia de casamento foi magnífica, mas em nenhum momento se mencionaram os filhos como parte da chamada que Deus dirige aos que vão constituir uma nova família (isso contrasta com o casamento católico, em que os nubentes se comprometem publicamente a receber de Deus os filhos que Ele dispuser e a educá-los na sua doutrina).

Três semanas depois, Scott e eu viajamos para a Nova Inglaterra para que ele estudasse no seminário presbiteriano de teologia de *Gordon-Conwell*. Depois de eu ter trabalhado um ano em tempo integral enquanto Scott não se formava, pude dedicar-me também a estudar. Foi um tempo de formação que mudou a nossa vida.

O primeiro trabalho que tive que fazer no seminário foi aprofundar no tema do aborto e preparar uma palestra para adolescentes. Quanto mais expunha a verdade sobre a vida, mais via que esses jovens apreciavam a sua beleza. Além disso, estavam fartos das mentiras que lhes tinham contado no colégio acerca do aborto.

Mas, paradoxalmente, muitos deles faziam perguntas sobre a contracToncepção. A princípio, isso incomodava-me. Dizia: «Estamos saindo do tema, temos que cingir-nos ao aborto». Até que certo dia umas pessoas nos demonstraram que alguns métodos anticonceptivos, como o DIU e a pílula, podem ser abortivos, e que os consideravam um método infalível para o controle da natalidade. Fiquei horrorizada ao descobrir que uma de cada cinco mulheres que abortam no nosso país é casada[1]. Talvez a relação entre o aborto e os anticoncepcionais fosse maior do que eu pensava no princípio.

Como comentário pessoal, posso acrescentar que experimentei os efeitos secundários da minipílula que o ginecologista me tinha receitado. Quando procurei outro médico, perguntou-me: «Você sabia que algumas pílulas, sobretudo as minipílulas, são abortivas? Não impedem a ovulação,

---

(1) A instituição *National Right to Life*, citando estatísticas (1997) dos centros norte-americanos de controle de doenças, verificou que 19% dos abortos nos Estados Unidos se dão entre mulheres casadas. Este dado manteve-se constante durante mais de dez anos.

mas alteram as paredes do útero para que o feto não possa implantar-se».

Senti-me perplexa e doída. Não fazia a menor ideia de que pudesse estar pondo em perigo a vinda dos meus filhos. Felizmente, era apenas o nosso terceiro mês de casados; agora rezo para que não tenha acontecido nada nesses momentos. Imediatamente passamos a adotar um método contraceptivo de barreira.

Um curso de ética cristã num seminário protestante ofereceu-me a oportunidade de aprofundar no assunto. O professor mandou-nos escolher um tema de atualidade para que o estudássemos e expuséssemos em pequenos grupos. Depois que soube da relação entre o aborto e os anticoncepcionais, pensei que valia a pena estudar mais a fundo a contracepção.

Sete de nós escolhemos esse tema. Quando nos reunimos no fim da aula, um dos presentes disse: «Vamos excluir qualquer coisa que seja abortiva. Mas aceitaremos os métodos contraceptivos de barreira. Os únicos que pensam que a contracepção é má são os católicos». Foi como se desse por resolvido o assunto antes de estudá-lo. Será que não havia outros aspectos que estudar?

– Por que os católicos se opõem aos métodos anticoncepcionais? – perguntei em voz alta.

Não sabia que os católicos se opunham à contracepção; nenhum amigo católico me tinha mencionado esse ponto.

– Só há duas razões – respondeu o rapaz sarcasticamente, em tom de autoridade –: a primeira é que o Papa não é casado; não tem que arcar com as consequências! E a segunda é que os católicos só querem que, quanto mais católicos houver, melhor!

«Com certeza há mais razões do que essas», pensei. E disse:

– Não acredito que os católicos expliquem a sua posição com esses argumentos.

– Então por que não estuda o que pensam? – desafiou-me. – Eu já sei o que penso.

– Vou fazer isso – respondi.

E assim o fiz.

Depois do jantar, Scott e eu falamos das nossas aulas. Admirou-se de que eu tivesse escolhido o tema da contracepção e de que outros também o tivessem feito. No ano anterior, ninguém o tinha escolhido. À medida que o curso avançava, o meu assombro crescia. Comecei a fazer meus os argumentos contra os métodos anticoncepcionais artificiais, que procediam não só de autores católicos, mas também das Escrituras.

Também me surpreendeu a simples, mas profunda, explicação do ato conjugal no contexto da fé cristã que descobri na Encíclica *Humanae vitae* de Paulo VI. Embora eu não fosse católica, a *Humanae vitae* tocou-me o coração, porque mostrava um modo maravilhoso de encarar o casamento como fonte de verdade e de amor. Bem poucos anos depois de publicada, já se podia apreciar o seu caráter profético.

A famosa oradora a favor da castidade, Molly Kelly, qualificou a Encíclica como «o documento mais profético do século, porque Paulo VI nos disse que a mentalidade contraceptiva nos levaria à mentalidade abortiva, uma vez que – quando o filho não é considerado como um presente de Deus, antes pelo contrário deve ser preterido, prevenido ou, se tudo isso falha, abortado –, então os nossos filhos não são em si mesmos uma dádiva, mas um fardo. E três milhões e seiscentos mil abortos são o resultado de que a *Humanae vitae* fosse rejeitada ou silenciada»[2].

---

(2) Ao longo deste livro, cito muitas pessoas de todo o país, identificando-as simplesmente pelo nome próprio ou pelo lugar de origem a fim de proteger a sua privacidade. As citações que não tenham uma nota no pé de página procedem de cartas que recebi e de um inquérito que dirigi.

Um dia, falei com um bom amigo que me animou a considerar o tema mais profundamente. Tinha deduzido das minhas intervenções que eu parecia estar segura de que a contracepção era um erro.

– Kimberly, você parece ser firmemente contra os anticoncepcionais. Continua a usá-los?

A pergunta fez-me pensar.

– Não é tão fácil – respondi –. É como no velho conto da galinha e do porco. Os dois passeavam um dia pela rua, quando a galinha comentou com o porco a generosidade do granjeiro.

«Vamos preparar-lhe alguma coisa de especial», disse a galinha.

«Que te ocorre?», perguntou o porco.

«Podemos preparar-lhe um café da manhã com ovos e *bacon*», disse a galinha.

«Isso para você não é nenhum problema. Trata-se de um presente. Para mim, é um compromisso total», disse o porco.

O que eu quis dizer com esse conto era que o meu interlocutor, como seminarista solteiro, não tinha de arcar com as consequências, mas eu teria de enfrentá-las se nessa noite deixasse de usar o anticoncepcional. Mas agradeci-lhe que me tivesse animado a viver aquilo em que acreditava.

Saí da biblioteca sabendo que estava convencida; mas éramos duas pessoas no meu matrimônio. Tinha que falar demoradamente com Scott.

Conversamos durante horas. Rezamos. Depois, pedimos conselho a outros e continuamos a pensar no assunto um pouco mais.

Finalmente, compreendemos que o desígnio divino para o amor conjugal é, no fundo, um abraço marital livre de artimanhas ou planos egoístas. O nosso ato de autodoação devia ser uma imagem da autodoação de Deus. Nada menos.

Adiar a obediência é desobedecer. Já convencidos de que

a abertura para a vida era o certo, começamos a proceder de acordo com essa convicção. Em 1º de abril, deixamos de usar anticoncepcionais para sempre.

Não mais comprimidos, plásticos ou cremes! Esse dia, que nos Estados Unidos é o Dia dos Inocentes («dos idiotas ou tolos»), significou para nós deixarmos de fazer de tolos para sempre nesse campo e assumir o papel de «tolos» por Cristo. Escrevi no meu diário: «Louvado seja o Senhor! Agora passamos a honrá-lo mais com a nossa coerência. Senhor, cumpriremos sempre a tua vontade nos momentos em que Tu quiseres».

Impressionava-nos, a Scott e a mim, que só a Igreja Católica[3], com mais de um bilhão de membros, defendesse essa valente doutrina («bíblica», atrevo-me a dizer) que proclama, ao arrepio da nossa cultura, a verdade sobre a abertura para a vida. Estávamos comovidos, mas não foi ainda nesse momento que nos aproximamos do catolicismo. De qualquer modo, penso que a semente plantada enquanto estudávamos esse tema abriu os nossos corações, anos depois, à plenitude da fé cristã de que é depositária a Igreja Católica.

Razões convincentes

Surpreendeu-nos ver como estavam de acordo com a razão a atitude católica sobre a abertura para a vida e as Escrituras que a ratificavam. Talvez seja esta a razão pela qual os protestantes defenderam unanimemente até 1930 o mesmo ponto de vista da Igreja Católica. Que descoberta!

Podem-se citar muitos líderes e teólogos protestantes que desde a Reforma se demonstraram firmemente contrários

---

(3) Não conheço nenhum outro grupo cristão que mantenha uma posição contrária à anticoncepção.

ao uso do controle da natalidade[4]. Terá sido simplesmente porque os protestantes não conseguiram erradicar até 1930 os últimos vestígios de «romanismo» a respeito da ética social? Ou não será porque afirmaram ao longo dos séculos as verdades básicas que devem reger todos os matrimônios cristãos – católicos ou não – para que cada casal reflita na sua família o amor vivificador da Santíssima Trindade?

Afinal de contas, o casamento não é uma instituição criada pelo homem. É uma obra de Deus segundo o desígnio de Deus. Basicamente, não se trata de um tema de debate entre católicos e protestantes, mas entre cristãos e não cristãos. Esta é a razão pela qual muitos não católicos vêm retornando à concepção cristã do poder, da beleza e da verdade que se encontram no amor conjugal vivido como Deus manda.

Em 1930, a Conferência Anglicana de Lambeth, na Inglaterra, converteu-se no primeiro organismo oficial cristão a aprovar o uso da anticoncepção em casos extremos. Em resposta, o jesuíta Pe. David Lord publicou a seguinte análise:

1) O controle da natalidade destrói a diferença entre as prostitutas e as mulheres respeitáveis, porque elimina o ideal da maternidade, substituindo-o pelo do prazer e da autossatisfação pessoal.

2) O controle da natalidade conduz à infidelidade, porque destrói o autocontrole e a autodisciplina. No caso dos solteiros, elimina o medo das consequências.

3) Ao rejeitar a cooperação com Deus na criação dos filhos, o controle da natalidade bloqueia uma nobre faculdade, substituindo-a pelo prazer.

---

(4) Cf. Charles Provan, *The Bible and Birth Control*, Zimmer, Monongahela, Pa. 1989, que cita líderes protestantes, da Reforma até os nossos dias, claramente opostos à anticoncepção.

4) O controle da natalidade afeta o futuro. Substitui os filhos pela gratificação própria e assim ataca a própria fonte da vida humana[5].

A partir de 1930, todas as denominações protestantes de importância foram abandonando a sua posição contra a anticoncepção, e hoje em dia muitas delas chegam a permitir o aborto e se mostram favoráveis à eutanásia. A Igreja Católica defende sozinha a continuidade do ensinamento cristão de todos os séculos.

A princípio, a autoridade da Igreja e a doutrina do Magistério não eram, para Scott e para mim, senão uma ajuda, porque não tínhamos nenhum interesse em converter-nos ao catolicismo (Scott não acreditava que um cristão inteligente pudesse pertencer à Igreja Católica!). Apesar disso, a Igreja intrigou-nos pela sua disposição de tomar uma posição obviamente pouco popular na cultura atual, e de proclamá-la ao mundo – independentemente de que o mundo quisesse ou não escutá-la – simplesmente porque cria que era a verdade.

A importância da *Humanae vitae*

Em 25 de julho de 1968, pouco depois do encerramento do Concílio Vaticano II, Paulo VI publicava a esperada Encíclica *Humanae vitae*. Historicamente, era uma época de muita confusão: estava em pleno auge a revolução sexual; considerava-se a pílula como o anticoncepcional perfeito, que tinha sido aguardado durante tanto tempo como remé-

---

(5) David Lord, S.J., *Five Great Encyclicals*, Nova York, s.a., pág 92; citado por Alfred M. Rehwinkel, *Planned Parenthood and Birth Control in the Light of Christian Ethics*, Concordia, St. Louis, 1958, pág. 37 e segs.

dio para as doenças sociais relacionadas com a superpopulação; e o próprio clero católico recomendava ao Papa que adaptasse a Igreja aos tempos, conforme solicitava no seu relatório a Comissão que tinha sido criada por João XXIII.

Paulo VI reconheceu o mérito do trabalho da Comissão, mas deixou de lado a conclusão a que tinha chegado. Reiterou a responsabilidade da autoridade docente da Igreja em interpretar fielmente a situação à luz da Sagrada Escritura e da Tradição. Em muito poucas páginas, explicou o desígnio de Deus para o matrimônio cristão e o ponto de vista da Igreja acerca da anticoncepção, da esterilização e do aborto no quadro da santidade do matrimônio.

Não era essa a mensagem que muitos, dentro ou fora da Igreja, queriam ouvir. No começo, foram muitos, mesmo entre os teólogos e sacerdotes católicos, que zombaram daquilo que, do ponto de vista deles, revelava uma Igreja antiquada, empenhada em ser obedecida por pessoas de pensamento livre e sem preconceitos que entendiam os tempos. No entanto, como disse antes, o documento mostrou ser profético quando descreveu a cultura de morte que aguarda os que rejeitam a bela doutrina acerca da vida e do amor que Deus nosso Senhor estabeleceu na Igreja Católica.

Essa foi a primeira Encíclica que Scott e eu lemos sendo ainda protestantes. O seu modo direto – sem deixar de ser pastoral – de encarar uma matéria tão difícil deixou-nos impressionados. A sua doutrina não dependia dos tempos; expunha verdades atemporais com as quais se poderiam recuperar os alicerces da nossa cultura.

Uma mãe de Haslett, Michigan, escreveu-nos sobre a importância que a *Humanae vitae* teve na sua vida conjugal:

«O meu marido era quem mais estava convencido acerca da doutrina da Igreja. Quanto a mim, o que me ajudava a rejeitar a contracepção era a questão estética: os riscos de alterar o meu corpo com a pílula, os cremes, etc., causavam-me repulsa. Finalmente, o meu coração também mudou, ao ler e entender a *Humanae vitae*».

É uma pena que muitos católicos nunca tenham experimentado uma reação semelhante ao lerem esta doutrina sucinta, mas magnífica.

Fazer caso omisso da *Humanae vitae*

Às vezes, são os parentes que tentam convencer os casados a não seguir a doutrina da Igreja neste ponto, se não estão de acordo com ela. Uma mulher conta:

«Meu marido e eu usávamos anticoncepcionais quando nos casamos. Até que um dia a minha irmã nos telefonou da Indonésia, chorando e suplicando que a perdoássemos. Como, graças a Deus, nos dávamos bem, não compreendi que mal poderia ela ter-me causado do outro lado do oceano. Pedia-me perdão porque me tinha animado a usar a pílula quando me casei, e, no caso dela e de outros conhecidos, parecia ter dado certo. Mas depois soube que podia provocar um aborto. Disse-me que nos mandaria informações sobre o assunto, bem como sobre o planejamento familiar natural (PFN) e a doutrina da Igreja».

Ainda que no começo o telefonema da irmã tivesse desconcertado essa senhora, ajudou-a a cair em si e a viver segundo a verdade.

Às vezes, os pais recomendam aos filhos que não tenham muita descendência para que não passem pelos sacrifícios que eles tiveram de passar. Embora estejam cheios de boa intenção, esses pais, como também parentes e amigos, con-

fundem a «sabedoria do mundo» com a «sabedoria divina».
Uma mãe de Washington comentava comigo:

«Do que realmente precisávamos era de um bom estímulo bíblico, e que nos animassem a fazer o que Deus queria de nós, isto é, a deixar que Deus fosse Deus e planejasse a nossa família. É surpreendente ver como os critérios do mundo se infiltraram hoje em dia entre pessoas da Igreja».

Há muitos que não estão a par da doutrina da Igreja; outros sim, mas resistem a aceitar a sua autoridade, como Leila:

«Nos anos oitenta, a contracepção era um fato tão normal e necessário como escovar os dentes. Eu tinha ouvido alguns dos argumentos da Igreja contra a contracepção artificial e pareceu-me que eram sensatos. Mas não me propus segui-los. Algum dia aprenderia os métodos naturais, mas não nesse momento, que eram os meus primeiros anos de casada. Ao fim e ao cabo, Deus é compreensivo!

«Mais tarde, comecei a estudar a fundo a minha religião, o catolicismo, e compreendi que a Igreja falava em nome de Cristo e enamorei-me dela. Como agora digo às pessoas, Deus premia a fidelidade, e eu dispus-me a aceitar o planejamento familiar natural. Meu marido era um judeu agnóstico, mas desejoso de encontrar o seu Messias! Sabia que os judeus ortodoxos se opõem ao controle artificial da natalidade, e a doutrina da Igreja passou a fazer sentido para nós dois.

«A consequência mais surpreendente da adesão à doutrina da Igreja nesta matéria foi o desejo, totalmente inesperado, de ter mais filhos! Tivemos o nosso quarto filho em fevereiro e recebemo-lo como o nosso milagroso "filho católico" (antes, sentíamo-nos realizados com os nossos três filhos e tínhamos decidido que o meu marido faria a vasectomia). Estamos tão

O MEU TESTEMUNHO

agradecidos a Deus pelo nosso novo filho, Paul Joseph, que desejamos ardentemente ter mais! Fomos abençoados com a doutrina da Igreja, e a nossa visão do mundo mudou».

A beleza da doutrina da Igreja brindou esse casal não só com a vinda de mais um filho, mas com a nova vida espiritual que lhe trouxe a conversão do marido.

Quando um sacerdote diz a um casal que deve seguir o que lhe dita a consciência, isso pode ter como consequência que esse casal faça o que quiser, porque a vida é difícil.

Uma senhora de Richfield, Minnesota, escreveu:

«Atualmente, muita gente vem adaptando a doutrina da Igreja às suas necessidades, em vez de permanecer fiel. Em 1966, meu marido dava aulas em tempo integral e eu trabalhava. Já tínhamos dois filhos e não é preciso dizer que não queríamos ter outro naquele momento. Conversamos com um sacerdote do Centro Newman e ele disse-nos que formássemos a nossa própria opinião, porque a "Igreja" realmente não sabia se [o controle artificial] era pecado ou não. Acrescentou que muitos dos jovens da sua comunidade comungavam aos domingos, ainda que usassem a pílula. Ele não os impedia, porque dizia que a Igreja já não estava segura da sua doutrina. Apesar de, no fundo, sabermos a resposta correta, convencemo-nos de que, se a Igreja não estava segura, então não podia realmente haver pecado na nossa conduta».

Certos católicos afirmam que procuram seguir a doutrina da Igreja sem saber por que a Igreja ensina o que ensina. Uma mãe de Crestline, Califórnia, contou-me a sua experiência:

«Fui católica durante toda a minha vida. Aprendi desde pequena as orações, o catecismo e todas as normas.

Mas seguia as normas, não por entendê-las como preceitos amorosos e sábios de Deus, mas por medo de que, se não as seguisse, iria para o inferno. Quando o meu marido e eu experimentávamos fortes impulsos conjugais, esse meu medo não era suficiente. Comecei a indignar-me com Deus por acuar-me com o planejamento familiar natural. Não considerava os meus cinco filhos como uma bênção. Pensava que Deus queria tirar-me a paz, despedaçar-me.

«Inscrevemo-nos num curso de orientação familiar e, na oitava semana, quem o dirigia, que era cristão, perguntou-me qual era a posição da Igreja a propósito do controle da natalidade. Eu conhecia a norma, mas não a razão. Disse-me que queria que lhe explicasse o que a Igreja sustentava e que o pesquisasse. Passaram dois anos, ouvi as gravações do programa *Life-Giving Love* e, quem diria?, agora sou católica de todo o coração. Do mais fundo da minha alma, agradeço a Deus que depois de tanto tempo, me fizesse ouvir e entender o que Ele queria dizer-me. Não terei medo de receber outro filho quando Deus quiser voltar a abençoar-me».

Quanto mais compreendemos as razões da doutrina da Igreja, mais a seguimos de todo o coração, especialmente quando chegam as dificuldades.

São tantos os fatores que, além da ignorância, influem no uso dos anticoncepcionais!: a imprensa laica, os professores de medicina, a pressão dos amigos, a falta de fé, a ausência de uma vida de oração, os próprios cursos de preparação para o casamento e mesmo as aulas de certas Universidades católicas... Temos de combater essas influências conhecendo melhor a nossa fé e crescendo nela.

Os frutos da obediência na fé

Uma mãe ofereceu o seu testemunho: «Cresci numa época em que o "normal" era não usar anticoncepcionais. Depois que meu marido e eu nos casamos, sempre que nos abstínhamos, a responsabilidade era de ambos; não era só eu que dizia "não". Isso ajudou-nos a *confiar em Deus* em todas as circunstâncias da nossa vida».

Outra mãe falou-nos da graça que significa começar a vida conjugal sem a contracepção: «Deixamos que Deus decidisse o momento em que queria que tivéssemos os filhos. Começar assim a vida matrimonial ajudou-nos a centrar o nosso amor *no sacrifício e na abnegação*».

Outra ainda resumiu assim os benefícios da fé na doutrina da Igreja: «Deixamos de sentir-nos *culpados*, e tivemos muitos *filhos simpaticíssimos*».

«Quando eliminamos todos os anticoncepcionais e nos abrimos por completo a toda nova vida – diz outra mãe –, acrescentou-se às nossas relações conjugais uma *sacralidade* que antes não existia».

Uma futura esposa impressionou-se em vez de assustar-se com o firme compromisso do seu noivo com a doutrina da Igreja: «Fui abençoada com um marido que tem uma fé muito firme. Antes de nos termos casado, disse-me claramente que, para ele, Deus e a fé católica estavam em primeiro lugar e que nunca renunciaria a esse princípio. A sua fé fez com que a Igreja Católica – e ele – se tornassem mais *atrativos* aos meus olhos e me levassem à *conversão*».

Uma mulher de cinquenta anos, de Boston, reparou no efeito, neste caso negativo, que teve a contracepção na sua vida matrimonial: «Estávamos muito voltados para nós mesmos e o nosso casamento acabou em divórcio. Penso que a minha falta de abertura para a vida contribuiu para esse final».

Uma senhora de Chicago diz, agradecida: «Deus por fim ajudou-me a ver que a mensagem das Escrituras traz *estabilidade* e uma grande *paz, amor* e *alegria*».

Se até agora você não ouviu a verdadeira doutrina da Igreja nesta matéria de abertura para a vida, peço-lhe que não tente averiguar «de quem é a culpa». Em vez disso, convido-o – e rezo para que seja assim – a abrir o coração o mais que possa à verdade e pondere cuidadosamente a sua resposta. Nosso Senhor, pela voz da sua Igreja, desafia-nos – a você e a mim – a seguir a verdade que faz com que os nossos corações se tornem livres para amá-lO e servi-lO fielmente no casamento.

O que começou comigo com um pequeno grupo de debate e um relatório sobre uma pesquisa acabou por levar-nos – a Scott e a mim – a decisões que mudaram a nossa vida e, no meu caso, a escrever estas páginas. O Senhor quer que toda a vida conjugal tenha êxito e dê fruto: nós não esperamos menos. Vejamos a seguir qual é o desígnio divino para o casamento.

Família de Deus Uno e Trino: amantes que dão a vida e doadores que amam a vida

Certa vez, um sacerdote de idade foi a uma sala de aula do segundo ano de ensino fundamental e perguntou aos alunos: «Quem sabe dizer-me o que é a Trindade?»

Uma menina que estava no fundo da sala respondeu prontamente: «O Pai, o Filho e o Espírito Santo».

O sacerdote, que não ouvia bem, aproximou-se dela e disse-lhe: «Desculpe-me, mas não entendi».

A menina replicou: «Não tem por que entendê-lo: é um mistério».

Para nós, muitos aspectos da Trindade constituem um mistério. Como podemos imaginar alguém que não tem princípio nem fim? Como podemos entender um Ser que sabe tudo, que está em toda parte, que pode tudo?

Como foi que Deus se revelou? Deus é uma comunhão de Pessoas: Pai, Filho e Espírito Santo. Cada uma das Pessoas da Trindade é plenamente Deus: é santa, justa, verdadeira, amável; portanto, como podemos distingui-las?

Somos capazes de distingui-las pela relação que existe entre elas. Desde a eternidade, o Pai gera o Filho por meio do seu amor que se entrega. O Filho, à imitação do Pai, entrega-se ao Pai (dando-se a si mesmo). E o vínculo entre eles é mais que um espírito de amor: constitui em si mesmo a Pessoa do Espírito Santo.

A própria vida íntima de Deus de entrega total cria uma comunhão íntima de amor e vida. Deus não é apenas amável: é a própria essência do amor (cf. 1 Jo 4, 8). É fonte de toda a vida.

Homem e mulher criados à imagem de Deus

Três Pessoas – Pai, Filho e Espírito Santo – em um só Deus. Esta família de amor e vida criou o homem e a mulher à sua imagem e semelhança.

> «Então Deus disse: "Façamos o homem à nossa imagem, à nossa semelhança" [...]. E Deus criou o homem à sua imagem, criou-os à imagem de Deus, criou-os varão e mulher. E Deus abençoou-os e disse-lhes: "Crescei e multiplicai-vos, enchei a terra e submetei-a; e dominai sobre os peixes do mar e as aves do céu e sobre todos os animais que habitam a terra"» (Gên 1, 26-28).

Deus não criou o homem e a mulher à sua imagem e semelhança por sentir-se só, pois «Deus no seu mistério mais íntimo não é uma solidão, mas uma família, já que traz em si mesmo a paternidade, a filiação e a essência da família que é o amor»[1]. Deus, como expressão do seu amor dador de vida, criou-nos pela alegria de criar-nos e de fazer-nos amantes que dão a vida como Ele mesmo.

---

(1) João Paulo II, Homilia, 28 de janeiro de 1979 no CELAM, Puebla.

Diz o Concílio Vaticano II que «o homem, que é na terra a única criatura que Deus quis por si mesma, não pode encontrar-se a si mesmo senão pela sincera entrega de si mesmo» (*Gaudium et spes*, n. 24). Homens e mulheres foram criados para refletir a vida íntima e o amor de Deus, tanto individualmente como na vida conjugal.

Depois de ter criado o primeiro homem, Deus disse: «Não é bom que o homem esteja só; vou dar-lhe uma ajuda que lhe seja adequada» (Gên 2, 18). E criou Eva como amiga e companheira de Adão no Paraíso e com a mesma dignidade do homem.

Deus uniu o homem e a mulher em aliança matrimonial. Uma aliança não é um contrato. Um contrato é uma permuta de bens e serviços em que ambas as partes estão de acordo; uma vez cumprido o contrato, o vínculo cessa. Uma aliança é uma permuta de *pessoas*: eu dou-me a você e você dá-se a mim. Um contrato é tão diferente de uma aliança como um homem que paga a uma prostituta é diferente do marido que vive com a esposa.

Deus sempre estabeleceu alianças com o seu povo: «Eu serei o vosso Deus e vós sereis o meu povo» (Lev 26, 12). Quando une o homem e a mulher mediante a aliança do matrimônio, abençoa-os com a obrigação de se darem completamente um ao outro, de crescer e multiplicar-se, enchendo a terra. Em essência, diz ao seu povo: «Foste criado à nossa imagem trinitária; agora faz o que nós fizemos. Usa do poder vivificante do amor que recebeste para seres conosco cocriador de novas vidas».

Depois de tudo, o matrimônio é ideia de Deus. O *Catecismo da Igreja Católica* (n. 1603) insiste neste ponto, citando a Constituição *Gaudium et spes*, n. 43: «A comunidade da vida e do amor conjugal foi fundada pelo Criador e dotada de leis próprias. O próprio Deus é o autor do matrimônio».

A união de marido e mulher numa só carne no ato matrimonial é tão poderosa – dois que se convertem num só – que produz um fruto ao qual, como diz o meu marido, «nove meses depois, talvez você tenha de dar um nome»[2]. Constitui completamente uma nova pessoa. As duas pessoas convertem-se em três, numa nova família, refletindo assim a Trindade. É um privilégio inefável. Deus, como amante que confere vida, convida-nos ao íntimo santuário do seu ser, para que reflitamos a comunhão do amor trinitário na nossa família humana. Como declarou a Congregação para a Doutrina da Fé, «o dom da vida, que Deus Criador e Pai confiou ao homem, exige que este tome consciência do seu inestimável valor e o acolha responsavelmente»[3].

À diferença dos seres irracionais, que se acasalam baseando-se meramente em instintos animais, a resposta dos esposos baseia-se num ato racional e respeitoso de obediência a Deus e no amor mútuo. Os humanos não se distinguem dos animais por poderem planejar a sua procriação, mas por poderem usar da sua razão e da sua alma para compreender o significado do matrimônio como aliança.

Mudaram as normas depois da queda?

Podemos ter a tentação de pensar: «Com certeza que, depois da queda, quando o pecado entrou no mundo, as normas do casamento mudaram. Já não se seguia o ideal do Jardim do Éden, mas descemos à realidade da vida». Quando tudo era perfeito, era fácil que Adão e Eva estivessem abertos à vida e confiassem a Deus o cuidado das coisas. Mas

---

(2) Scott Hahn, *O primado do amor*.

(3) Congr. para a Doutrina da Fé, Instr. *Donum Dei*, 22-2-1987, Introd. n. 1.

num mundo caído, cheio de pecadores, encontramo-nos perante novas circunstâncias (cf. Gên 3, 16-19): passou a custar-nos o suor do rosto sustentar a família, tornou-se mais difícil ter filhos sem sofrer (os partos tornaram-se mais dolorosos que antes), e começou a haver mais conflitos no casal sobre quem devia ter o comando. Com efeito, cometeram-se durante muitos anos pecados tão desenfreados que Deus aniquilou os homens, com exceção de Noé, da sua esposa, dos filhos e das esposas dos filhos.

Depois do dilúvio universal, abriram-se as portas a um novo começo. Quais foram as primeiras palavras que Deus dirigiu aos quatro casais dessa «nova» criação? «E Deus abençoou Noé e seus filhos, dizendo-lhes: "Crescei, multiplicai-vos e enchei a terra"».

Tal como dissera a Adão e Eva, essa primeira bênção ou preceito mostrava que a procriação é o primeiro fim do homem. O *Catecismo da Igreja Católica* acrescenta uma nota explicativa: «Após a queda [dos nossos primeiros pais], o matrimônio ajuda a vencer o encerramento em si mesmo, o egoísmo, a busca do prazer pessoal, e a abrir-se ao outro, à mútua ajuda, ao dom de si» (n. 1609). As passagens do Antigo Testamento expõem outras bênçãos do ato conjugal, além da procriação: o aspecto unitivo (cf. Gên 2, 24) e o prazer (cf. o *Cântico dos Cânticos*). São bênçãos que se podem distinguir, mas não separar da abertura para uma nova vida. João Paulo II escreve: «As duas dimensões da união conjugal, a unitiva e a procriativa, não podem ser separadas artificialmente sem alterar a verdade íntima do próprio ato conjugal»[4]. Estas duas dimensões estão indivisivelmente unidas no ato do matrimônio.

---

(4) João Paulo II, *Carta às famílias*, n. 12.

Se Deus criasse uma sociedade diferente...

Se Deus criasse uma sociedade diferente, como seria? Basta-nos olhar os antigos israelitas. Quando vagueavam pelo deserto, Deus ditou-lhes umas normas que regessem as suas vidas, algumas delas relacionadas com a abertura à vida. Embora essas leis tivessem sido escritas para determinar como deviam viver os israelitas sob o comando de Moisés, e não como indicações sobre a obediência nos tempos atuais, esses preceitos ajudam-nos a entender a chave da vida de santidade.

Por exemplo, para não ficar impuro diante da lei, um casal não devia realizar o ato conjugal senão uma semana depois da menstruação da mulher (cf. Lev 12, 2.5; 15, 19.25.28). Em que momento do ciclo mensal da mulher se reatavam as relações? Na ovulação! Seria uma simples coincidência que os casais mantivessem relações quando possivelmente ela era mais fértil e ele teria maior quantidade de esperma?

Outra lei estabelecia que o homem não devia ir para a guerra logo depois do casamento:

> «Se um homem está recém-casado, não sairá com o exército nem deverá ser obrigado a prestar nenhum serviço; ficará livre em sua casa por um ano, a fim de alegrar a mulher que desposou» (Deut 24, 5).

Por quê? Era para que o esposo e a esposa pudessem conhecer um ao outro? Sim. Em sentido bíblico, em hebreu, «conhecer» outra pessoa significa com frequência «ter relações íntimas das quais pode nascer outro indivíduo» (cf. Gên 4, 1). Presumivelmente, o marido tinha que passar o seu primeiro ano de vida matrimonial antes de alistar-se no serviço militar para que pudesse ter filhos no caso de vir a morrer na guerra (isso contradiz claramente a ideia atual de que é melhor não ter filhos durante uns anos para que marido e mulher possam conhecer-se mutuamente).

Deus estabeleceu a sua lei e revelou-a por meio de alianças com o seu povo, mediante as quais era abençoado quando as cumpria e castigado quando lhes desobedecia. Em Deuteronômio 28, Moisés enumera as bênçãos que o povo receberia pela sua fidelidade à aliança: as pessoas, as suas terras e rebanhos dariam muito fruto. E ao falar de maldições, enumerou o aborto, a morte de recém-nascidos e a infertilidade das pessoas e do gado. A verdadeira riqueza consistia, como bênçãos da aliança, na terra e nos descendentes.

Que contraste com a nossa cultura! Hoje em dia, considera-se que é feliz aquele que não tem filhos ou tem poucos, como se considera que um casal com muitos filhos é vítima de uma maldição. Mas temos de poder dizer com o salmista: «A tua mulher será como vinha fecunda dentro da tua casa; os teus filhos serão como rebentos de oliveira à volta da tua mesa. Vede, assim será abençoado o homem que teme o Senhor» (Sal 128, 3-4).

Entendamos estas passagens no seu contexto: o povo de Deus afastou-se coletivamente do bom caminho e recebeu coletivamente o castigo. Atualmente, a nossa terra está manchada pelo sangue inocente dos abortos, e os que aclamam o nome de Cristo vão-se afastando dEle. Talvez o aumento dos abortos e da infertilidade esteja relacionado com a infidelidade da nossa sociedade a Deus. Mas as bênçãos e maldições da antiga aliança aplicavam-se aos pecados de um povo, não aos de uma pessoa. No entanto, não podemos esquecer-nos da responsabilidade que temos, como membros de um povo, pela imoralidade da nossa cultura.

Relação esponsal de Deus com Israel

A relação de Deus com Israel era descrita com frequência como uma aliança matrimonial. Por exemplo, o profeta

Isaías diz: «Como o noivo se alegra com a noiva, assim o Senhor se deleitará em ti» (Is 62, 5). E é revelador que os jovens israelitas não fossem autorizados a ler a passagem de Ezequiel 16, em que se descreve o amor de Deus por Israel, até alcançarem certa idade, porque continha imagens semieróticas.

Os profetas instavam com frequência os israelitas a guardarem fidelidade a Deus (cf. Jer 3, 11-12), pois descreviam o amor esponsal de Deus por Israel como fiel e exclusivo. Mais ainda, Deus mandou ao profeta Oseias que resgatasse uma prostituta e se casasse com ela; e quando esta o abandonou, disse-lhe que a redimisse da sua prostituição e a levasse de volta para casa (cf. Os 1-3). Por que fez isso? Porque queria dar um exemplo vivo de como Ele via a prostituição do povo eleito por seguir deuses falsos e de como persistia na sua fidelidade e misericórdia para com Israel, sua esposa.

Outro profeta, Malaquias, repreendeu o povo pela infidelidade para com as esposas. «O que é que Ele deseja? Descendência divina. De modo que tomai nota e não deixeis ninguém ser infiel à mulher da sua juventude. "Porque eu odeio o divórcio", diz o Senhor, Deus de Israel» (Mal 2, 15-16). Em outras palavras, Deus deseja a fidelidade entre os esposos para que os seus filhos O conheçam e amem.

O mesmo quer Ele agora. Como se pode contrair casamento e não ter o propósito de ter filhos, se o fim principal do casamento é ter filhos de Deus, isto é, *descendência divina*?

A Igreja é a esposa de Cristo

São Paulo vê a união mística do abraço conjugal como uma imagem da união entre Cristo e a sua Igreja, entre Deus e o seu povo. «Grande mistério é este, mas eu o digo em relação a Cristo e à sua Igreja» (Ef 5, 31-32).

FAMÍLIA DE DEUS UNO E TRINO

O ministério de Cristo tem do princípio ao fim um caráter nupcial. O primeiro milagre que Ele fez teve lugar numa festa de casamento, quando converteu a água em vinho (cf. Jo 2, 1-11). E o ápice do novo céu e da nova terra culminará no «matrimônio supremo do Cordeiro», quando o Senhor receber a sua esposa, a Igreja (cf. Apoc 19, 7-9).

No Novo Testamento, Deus eleva o matrimônio à categoria de sacramento. O marido e a mulher são os ministros desse sacramento. Convertem-se em canais da graça sacramental para eles. Henry Sattler explica-o assim:

«A experiência do amor único, total, exclusivo, permanente, incondicional e criativo, tanto dado como recebido, faz-se presente paradigmática e sacramentalmente no ato sexual cristão, que foi elevado de expressão natural a sinal sobrenatural da entrega total, mútua e exclusiva a Cristo e em nome de Cristo»[5].

O matrimônio cristão é uma entrega total de uma pessoa a outra, e de ambos a Cristo.

Como Scott e eu estávamos batizados validamente, embora não fôssemos católicos, o nosso casamento era sacramental e reconhecido pela Igreja. Tínhamos consciência (tanto quanto é possível num compromisso de tal dimensão) daquilo a que nos tínhamos comprometido. Aceitamos livremente a entrega de um ao outro. Sabíamos que não nos comprometíamos simplesmente a umas obrigações contratuais e a uns benefícios: era uma permuta de pessoas.

Portanto, éramos livres de exprimir a unidade que agora possuíamos através do ato matrimonial. Qualquer filho que tivéssemos seria uma recordação constante da nossa união

---

(5) Henry Sattler, «Sacramental Sexualitiy I», em *Communio* (inverno de 1981).

indissolúvel, porque... como se pode dividir uma criança nas duas partes das pessoas de quem procede?

É este amor conjugal verdadeiro que nos torna capazes, como diz o Concílio Vaticano II, de «[manifestar] a todos a presença viva do Salvador no mundo e a autêntica natureza da Igreja, quer pelo amor dos esposos, da sua generosa fecundidade, unidade e fidelidade, quer pela cooperação amorosa de todos os seus membros» (*Gaudium et spes*, n. 48). Temos a oportunidade de ser a imagem diante do mundo da amorosa, sacrificada e mútua entrega que existe entre Cristo e a Igreja[6].

São Paulo recorda-nos a natureza do matrimônio como aliança: um intercâmbio de bens e serviços que culmina com um acordo matrimonial.

> «O marido cumpra o seu dever para com a esposa e da mesma forma também a esposa o cumpra para com o marido. A mulher não pode dispor do seu corpo, pois pertence ao seu marido. E da mesma forma o marido não pode dispor do seu corpo, pois pertence à sua esposa. Não vos recuseis um ao outro, a não ser de comum acordo, por algum tempo, para vos aplicardes à oração; e depois retornai novamente um ao outro, para que Satanás não vos tente pela vossa incontinência» (1 Cor 7, 3-5).

Pelo ato conjugal, renova-se a aliança inaugurada pelo casamento, e marido e mulher convertem-se em cocriadores com Deus de um ser humano novo que nunca teria existido se não fosse por eles.

Como fazer que um casamento tenha êxito

Certa vez, ouvi por acaso vários estudantes da Universidade responderem à pergunta: «Você tem vocação?» com a típica resposta: «Oh não! Eu quero casar-me».

---

(6) Cf. *Catecismo da Igreja Católica*, n. 1661.

Nesse momento, eu não era ainda católica, mas lembro-me de que perguntei a Scott:

— Essa é uma resposta católica? Não parece.

— Não; essa não é uma resposta católica – disse-me Scott.

A vocação é uma chamada à santidade num modo de vida concreto. Oferecemos ao Senhor a nossa sexualidade quer vivendo a castidade no celibato, na vida consagrada, numa ordem religiosa, quer vivendo-a dentro do matrimônio. As duas opções são uma vocação. Deus é santo, e quer que os seus filhos também o sejam.

O matrimônio é um sacramento, em parte porque precisamos de mais graça para viver esta vocação de uma maneira que seja agradável a Deus. Há quem pense erroneamente que a convivência (viver juntos como se fossem marido e mulher antes de o serem verdadeira e sacramentalmente) é um bom teste para a relação. Mas isso é expor-se a fracassar ao menos em dois sentidos.

Em primeiro lugar, por não estarem casados, o homem e a mulher não possuem a graça sacramental própria do matrimônio de que precisam para que a sua união corra bem. Em segundo lugar, como ter relações sexuais fora do casamento é pecado mortal, bloqueiam a graça sacramental da Confissão e da Comunhão que poderiam receber.

Uma relação que fracassou depois dessa convivência demonstra que o matrimônio não teria dado certo? Não. Só demonstra que a convivência sem a graça do sacramento não dá certo.

Ninguém se casa esperando fracassar. Todos queremos casais que se unam para sempre e deem lugar a famílias felizes e sadias. O salmista dá-nos a chave:

«Se o Senhor não constrói a casa, em vão trabalham os que a edificam. Se o Senhor não guarda a cidade, em vão vigiam as sentinelas. Em vão madrugais e ides deitar-vos tarde, vós que comeis o pão de fadigas: porque Ele o dá aos seus amigos enquanto dormem» (Sal 127, 1-2).

«Construir a casa» é um modo de referir poeticamente a constituição de uma família. O Senhor é o único que constrói a família para que possa enfrentar as dificuldades da vida. Ele é a rocha sobre a qual devemos edificar, e não o são as areias movediças da opinião pública e a cultura da sociedade. De outro modo, será vão o nosso esforço por ter uma família sólida. O Arquiteto do matrimônio tem uns planos e uma forma de edificar que darão certo. Tem todos os recursos necessários para concluir «a casa».

Deus compartilha a sua vida divina conosco, permitindo-nos experimentar a comunhão com Ele como esposos e estendendo-a depois aos filhos. O objetivo de cada família é ser, pois, como diz João Paulo II, «uma civilização do amor»[7].

Como sacramento que é, o matrimônio proporciona a capacidade de crescer em santidade mesmo no meio das atividades cotidianas no mundo. Às vezes, sinto inveja da freira que, uma hora antes do jantar, está ajoelhada em oração e cheia de felicidade diante do Santíssimo Sacramento, ao passo que na minha vida não vejo a hora de que chegue o jantar: as crianças berram, o telefone não para de tocar e Scott volta tarde do trabalho. E, no entanto, Deus me quer tão santa como a doce irmã. Ele pôs na minha vocação muitas oportunidades de morrer para o egoísmo a fim de servir o meu esposo e os meus filhos sacrificadamente.

O Concílio Vaticano II recorda-nos que o Senhor, quando fala de santidade, não exclui os casados: «Para enfrentar com constância as obrigações desta vocação cristã, requer-se uma virtude insigne: por isso, os esposos, capazes já de ter uma vida santa pela graça, fomentarão a firmeza no amor, a

---

(7) *Carta às famílias*, n. 13.

generosidade do coração e o espírito de sacrifício, pedindo-o assiduamente na oração» (*Gaudium et spes*, n. 49).

Crescer na virtude não é algo automático, mas é possível com a graça de Deus. O amor conduz à vida, e a vida conduz a um serviço sacrificado. A Igreja chama-nos a oferecer generosamente o nosso tempo, talentos e bens materiais, como também os nossos corpos, para construirmos o reino de Deus nas nossas famílias, na Igreja e no mundo inteiro – e nessa ordem. Quando somos generosos com Deus desse modo, descobrimos um princípio básico: que Deus não se deixa vencer em generosidade. Como diz São Paulo, o que semeares, isso colherás (cf. 2 Cor 9, 6-15.).

A maternidade como serviço sacrificado

Um sacerdote perguntou numa aula de religião católica a alunos do ensino primário o que é que Jesus dizia do matrimônio. Uma menina levantou a mão e arriscou: «Pai, perdoa-lhes porque não sabem o que fazem».

Sorrimos ante uma resposta tão cheia de inocência. Mas é verdade que muitos de nós não sabíamos em que nos estávamos metendo quando íamos a caminho do altar para nos comprometermos diante de Deus.

O ritual do casamento católico inclui uma promessa solene de abertura para a vida por parte dos nubentes. São Paulo ensina: «A mulher salvar-se-á pela maternidade, se perseverar com modéstia na fé, na caridade e na tarefa da santificação» (1 Tim 2, 15; segundo outros versículos, esta passagem aplica-se apenas às mulheres casadas, já que abrir -se à vida é para elas parte integrante de uma vida de obediência a Deus). Reparemos no condicional: não basta ter filhos; a salvação não resulta apenas de ter filhos: é resultado de uma fé duradoura, do amor e da santidade de vida.

A maternidade é a máxima expressão da feminilidade da mulher, porque colabora com Deus na criação e manutenção da vida. João Paulo II diz que, de todos os atributos que a Santíssima Virgem recebeu, o mais excelso é o de «Mãe», já que «servir significa reinar»[8]. Pela graça de Deus, Maria foi fiel à chamada para ser a mãe do Salvador do mundo. Do mesmo modo, pela graça de Deus, nós podemos ser fiéis à chamada que o Criador nos faz para termos e educarmos uma descendência divina.

A soberania de Deus

A nossa cultura está obcecada com a ideia de que planejar um bebê é um grande privilégio. No entanto, muitas pessoas que não tinham a intenção de ter mais filhos emocionam-se diante de um filho que não fora planejado. Percebem que tinham oposto resistência à «ideia» de outro filho, não ao filho real.

Certa vez, uma adolescente saiu chorando da sua festa de aniversário quando soube que seus pais a tinham concebido antes de casar-se. Embora não tivessem pensado em ter filhos antes de casar-se, tinham-se enganado ao calcular o tempo que durariam como noivos sem cair na tentação. Calcularam mal, caíram; mas amavam-se profundamente e amavam a filha, apesar de a terem concebido ao arrepio dos seus planos.

Independentemente de uns pais planejarem ou não ter um filho, Deus o faz. Nenhum de nós nasceu por acidente. Consideremos estas palavras de São Paulo:

---

(8) João Paulo II, Carta apost. *Mulieris dignitatem* sobre a dignidade e a vocação da mulher.

«Bendito seja Deus, Pai de nosso Senhor Jesus Cristo, que do alto do céu nos abençoou com toda a bênção espiritual em Cristo, e nos escolheu nele antes da criação do mundo para sermos santos e irrepreensíveis diante dos seus olhos. No seu amor, predestinou-nos para sermos adotados como filhos seus por Jesus Cristo, segundo o beneplácito da sua livre vontade, para fazer resplandecer a sua maravilhosa graça, que nos foi concedida por ele no Bem-amado. [...] Nele é que fomos escolhidos, predestinados segundo o desígnio daquele que tudo realiza por um ato deliberado da sua vontade, para servirmos de louvor à sua glória, nós que desde o começo voltamos as nossas esperanças para Cristo» (Ef 1, 3-6; 11-12).

Vejamos algumas destas verdades em relação à abertura à vida.

Antes de o mundo ter sido criado, cada um de nós era um pensamento na mente de Deus. Ele escolheu-nos para sermos seus filhos e deu-nos graças abundantes para que assim pudéssemos viver dando-lhe honra e glória mediante o cumprimento da sua Vontade. Deus cumpre o que se propõe.

Pode-se ter um filho que Ele não planejou? Um jovem casal de Pittsburgh sofreu três abortos quando já tinha três filhos. Um amigo da mulher disse-lhe: «Sue, você não percebe? Deus não quer que tenha um quarto filho. Deve deixar de tentar».

Sue perguntou-me se era possível que alguns casais concebessem filhos e Deus os fizesse abortar por não estarem incluídos nos seus planos. Respondi-lhe que não. Cada fecundação é um ato único de Deus em cooperação com os pais. Diz o salmista: «Quando eu estava informe, os teus olhos já me viam, pois tudo está escrito no teu livro; os meus dias estavam contados antes de que nenhum deles existisse» (Sal 139, 16). O plano de Deus inclui todos os nossos filhos, por mais curto que seja o tempo que durar a sua vida.

Trata-se de mistérios profundos, e excede a finalidade destas páginas ir mais longe do que assomar-nos a eles na medida em que tenham a ver com o nosso tema. Deus é o Pai eterno «de quem toma o nome toda a família nos céus e na terra» (Ef 3, 15). Devemos confiar nEle para que planeje as nossas famílias. O passado revela-nos de muitas formas a sua lealdade e nele desenha-se o nosso futuro.

O profeta Jeremias recorda as palavras de Deus a Israel quando voltou a guardar-lhe fidelidade: «Eu bem sei os desígnios que me propus em vosso favor, oráculo do Senhor: são desígnios de paz e não de desgraça, de ventura e esperança. Invocar-me-eis, vireis rezar-me, e Eu vos escutarei. Procurar-me-eis e, se me procurardes de todo o coração, encontrar-me-eis» (Jer 29, 11-13). Estas promessas aplicam-se também a nós.

Um casal de Omaha, Jim e Nancy, experimentou a fidelidade de Deus em resposta à sua fidelidade para com Ele:

«Quando Jim e eu nos casamos há cinco anos, não sabíamos que eu tinha ovários policísticos. Engravidei na lua de mel e tivemos Michael; dois anos depois, nasceu Kolbe. Estamos muito agradecidos a Deus pela doutrina da Igreja Católica neste e em muitos outros temas.

«Quando Kolbe tinha dezessete meses e tentei engravidar de novo, o meu ginecologista disse-me que eu tinha essa patologia. Nem por isso deixamos de rezar e de esperar que o Senhor nos abençoasse com mais filhos. Graças a Deus, não nos servirmos de nenhum método de controle da natalidade, porque, se o fizéssemos, poderíamos não ter nenhum outro filho. O que nos permitira ter os nossos dois maravilhosos filhos fora a graça da oração e a abertura para a vida».

Há pouco, Deus abençoou esse casal com um terceiro filho.

FAMÍLIA DE DEUS UNO E TRINO   51

Diz a Constituição pastoral *Gaudium et spes* do Concílio Vaticano II: «Assim, os esposos cristãos, confiando na divina Providência e cultivando o espírito de sacrifício, glorificam o Criador e tendem para a perfeição em Cristo quando, com responsabilidade generosa, humana e cristã, cumprem a sua missão procriadora» (n. 50).

Para outro casal, Molly e Jim, não se tratou apenas de confiar no Senhor quando foram nascendo os filhos. Molly teve de confiar esses filhos ao Senhor ainda em outro sentido, quando Jim morreu num acidente:

«Começamos a nossa vida matrimonial abertos à vida, e fomos abençoados com oito filhos em doze anos. Jim morreu quando o mais velho estava no sétimo ano da escola e o último tinha catorze meses. Os nossos filhos são um testemunho vivo do nosso amor eterno. As pessoas perguntam-me: "Se você tivesse sabido que Jim ia morrer, teria tido menos filhos?" E respondo: "Teria tido mais, porque todos os meus filhos refletem uma parte diferente de Jim"».

Só Deus sabe o que o futuro nos reserva. O que sabemos é que Ele tem um plano para a nossa vida e que podemos confiar nEle.

O senhorio de Cristo

As pessoas costumam encarar a lei de um modo negativo: parece impor-nos restrições que não queremos e trazer-nos consequências que tememos. Mas não é assim que a via o povo de Deus no Antigo Testamento. O Salmo 19, por exemplo, descreve a lei como «mais doce que o mel destilado pelo favo» (v. 10).

Era por isso que os israelitas, antes de falarem a um filho

da lei, lhe tocavam a língua com mel. Queriam que o filho associasse o sabor e a bondade do mel ao conhecimento da lei e à obediência a ela. Talvez tenhamos de mudar a concepção que temos acerca da lei para imitar os nossos irmãos judeus.

Cada vez que rezamos o Pai-Nosso, dizemos: «Seja feita a vossa vontade assim na terra como no céu». Como se obedece a Deus no céu? De um modo perfeito. Portanto, o que pedimos na oração é que Lhe obedeçamos com perfeição. Não podemos escolher os mandamentos a que vamos obedecer, mas desejar conhecer a vontade divina e cumpri-la de todo o coração.

Jesus diz aos seus discípulos que não é suficiente chamar-Lhe Senhor, se depois Lhe desobedecemos: «Nem todo o que me diz "Senhor, Senhor" entrará no reino dos céus, mas aquele que faz a vontade de meu Pai que está nos céus» (Mt 7, 21). Tudo o que façamos deve submeter-se ao senhorio de Cristo. Não basta professarmos a nossa fé nEle se, ao mesmo tempo, não queremos submeter-lhe a nossa vida.

Scott e eu costumávamos discorrer sobre o alcance que tinha em nossas vidas o senhorio ou reinado de Cristo. Do ponto de vista monetário, contribuíamos com o dízimo, mesmo quando os nossos salários eram baixos. Com relação ao tempo, santificávamos o Dia do Senhor e deixávamos de lado os livros de estudo (para nós, estudantes, esse era o nosso trabalho), descansávamos e abríamos a casa aos colegas. Quanto aos nossos talentos, fazíamos o esforço de assumir algum encargo de caráter pastoral, apesar de termos uns horários de aulas bem apertados, porque queríamos servir a Cristo. E em relação aos nossos corpos, cuidávamos da nossa alimentação e fazíamos esporte para manter o corpo em forma e assim servir melhor a Deus. Mas nunca nos ocorreu pensar especificamente em que tínhamos de entregar ao senhorio de Cristo a nossa fertilidade.

FAMÍLIA DE DEUS UNO E TRINO 53

Neste aspecto, a nossa atitude era como a de muitos nor-te-americanos: «Senhor, podes dispor do nosso tempo, dos nossos talentos e bens materiais, mas nós controlaremos a nossa fertilidade. Teremos filhos quando nos convier». Não me lembro sequer de ter meditado na oração sobre o tema de estarmos ou não abertos à vida. Pensávamos que era uma medida de prudência aplicarmos princípios de gestão mediante a contracepção.

Mas a primeira Carta aos Coríntios (6, 18-20) colocou-nos diante de um desafio superior:

> «Fugi da fornicação. Todo o pecado que um homem comete fica fora do seu corpo, mas quem fornica peca contra o seu próprio corpo. Ou não sabeis que o vosso corpo é templo do Espírito Santo, que está em vós e recebestes de Deus, e que não vos pertenceis? Fostes comprados por um grande preço. Portanto, glorificai a Deus no vosso corpo».

Sabíamos que tínhamos de glorificar a Deus com o corpo, mas isso incluía a nossa fertilidade? Sim! Também a fertilidade.

O que são as nossas vidas, comparadas com a eternidade? São relativamente fugazes. Durante quantos anos vamos estar casados? E desses anos, quantas oportunidades teremos de conceber um filho? E dessas oportunidades, quantas vezes Deus no-lo mandará? E dessas vezes, quantos chegarão a nascer? A nossa fertilidade é mais frágil do que pensamos.

Scott e eu queríamos entregar o nosso coração plenamente a Cristo. Sabíamos que podíamos confiar em Deus para que planejasse a nossa família como quisesse. Mas precisávamos de um tempo para pensar melhor antes de empreendermos as mudanças que marcariam a nossa vida para sempre. Contávamos com ter filhos, mas... será que todo ato conjugal devia estar aberto à vida?

Os sacrifícios implícitos pareciam enormes. Porém, os

exemplos da Virgem («Faça-se em mim segundo a tua palavra», Lc 1, 38) e de Jesus («Não se faça a minha vontade, mas a tua», Mt 26, 39), como também os de outras pessoas santas, demonstravam que o que agrada a Deus é que lhe entreguemos a nossa vontade.

Um dia, expunha eu estas ideias num programa de rádio protestante a que tinha sido convidada. Telefonou uma pessoa que se identificou como uma protestante contrária ao aborto e contou um episódio que tinha mudado a sua vida.

Enquanto defendia a sua posição numa clínica abortiva, assaltou-a uma ideia: como usava anticoncepcionais, o que fazia afinal era apoiar a mesma organização contra a qual se opunha, porque utilizava os produtos que lá se difundiam. Reparou que não lhe bastava ser contra o aborto: tinha que lutar a favor da vida. Nesse momento, decidiu que, ao voltar para casa, jogaria pela janela todos os anticoncepcionais e para sempre.

Depois de um casal de Littletown, Colorado, ter tido o primeiro filho, os dois reagiram de forma diferente quando souberam da comprometedora verdade acerca da abertura à vida. Dana exprimiu o conflito:

«O mais difícil para mim foi aceitar que tínhamos de abrir-nos à vida. A princípio, meu marido e eu não estávamos de acordo com a doutrina da Igreja. Para mim, era absurda, sobretudo porque a tínhamos ouvido de um sacerdote celibatário; pessoalmente, eu não acreditava que essa doutrina viesse de Deus. Mas o meu marido aceitou-a antes de mim, tomou-a muito a sério e não consentia outra coisa. Nosso Senhor deu-me um amor tão grande pelo meu marido que tive de aceitar essa doutrina contra a minha vontade. Estávamos à espera do segundo filho, mas ainda tínhamos que avançar para a unidade neste tema.

«Ouvi falar do planejamento familiar natural num momento em que estava desesperada porque não queria engravidar todos os anos (tínhamos outros dois filhos quando ouvimos falar desse planejamento). O Senhor tinha obviamente um plano diferente para nós, porque, depois de assistir à primeira aula de planejamento familiar natural, engravidei de mais um filho, a quem chamo "o filho da minha conversão". E ainda outro depois desse. Agora estamos totalmente abertos à vida. Acabamos de saber que estou grávida do sexto filho e estamos muito contentes».

Como muitos desses casais, Scott e eu fomos compreendendo cada vez mais o terrível papel dos anticoncepcionais na cultura da morte, pois atacam diretamente a cultura da vida que queríamos e tínhamos que abraçar.

PARTE II

A cultura da vida contra a cultura da morte

Valorizar os filhos

Pensemos nas seguintes «bem-aventuranças» *modernas*:

«Bem-aventurados o homem e a mulher que têm apenas dois filhos, porque poderão custear-lhes os estudos universitários».

«Bem-aventurados o homem e a mulher que deixam passar ao menos quatro anos entre um filho e outro, porque não terão de mudar as fraldas em dobro».

«Bem-aventurado o casal que não tenha filhos ao menos durante dois ou três anos, porque assim ele e ela poderão conhecer-se melhor».

«Bem-aventurado o casal que tenha planejado as gravidezes perfeitamente espaçadas, porque conhece a vontade de Deus».

Estas «bem-aventuranças» pertencem a esse tipo de sabedoria mundana que nos martela os ouvidos a toda hora, embora não tenham nenhum fundamento na Palavra de Deus. Não refletem a sabedoria divina. Com efeito, não existe nenhuma passagem da Bíblia que descreva os filhos em termos negativos. Para Deus, *os filhos são unicamente e sempre uma bênção.*

Estamos envolvidos numa guerra cultural: a cultura da vida contra a cultura da morte. João Paulo II exorta-nos a recuperar o verdadeiro sentido da sexualidade humana, para que possamos construir uma cultura de amor e de vida. Depois de recordar as advertências feitas pela Encíclica *Humanae vitae* acerca das consequências que acarreta a rejeição do verdadeiro sentido do ato conjugal, faz-se eco do desafio que Moisés dirigiu ao povo de Deus no final da sua vida:

> «Hoje invoco por testemunhas contra vós os céus e a terra: ponho diante de vós a vida e a morte, a bênção e a maldição. Escolhe, pois, a vida, para que tu e a tua descendência vivais amando a Deus, escutando a sua voz e aderindo a Ele, porque Ele é a tua vida e o prolongamento dos teus dias na terra que o Senhor prometeu dar aos teus pais Abraão, Isaac e Jacó» (Deut 30, 19-20).

O povo de Deus continua a ter de fazer uma escolha: escolher ou rejeitar a vida!

O valor dos filhos na nossa sociedade

Nos dias de hoje, muitos casais estudam o momento de ter filhos como calculariam a possibilidade de adquirir uma casa ou um carro. Avaliam os prós e os contras como se avaliassem os dados do balanço de uma empresa. Se o resultado for positivo, é o momento de terem um filho; senão, têm de esperar.

Esse modo de focar a questão não tem fundamento. Não se pode quantificar o valor de um filho. Os filhos não são objetos que é preciso adquirir, mas presentes que se recebem, almas confiadas aos nossos cuidados.

Há pessoas a quem, desde que eram crianças, se dissuadiu de ter filhos. Há colégios em que se manda fazer um

VALORIZAR OS FILHOS

exercício que sirva para evitar que as adolescentes engravidem. Uns utilizam um ovo (outros um pacote de farinha) a modo de filho. Juntam os alunos aos pares e dizem-lhes que cuidem do «filho» como se fossem marido e mulher. Devem dedicar tempo a cuidar dele, vigiá-lo por turnos e, quando saírem juntos, procurar uma babá.

O que se pretende com isso é ensinar o fardo que representa cuidar de um filho, para que os estudantes queiram evitar a gravidez. O exercício mostra as responsabilidades sem mostrar as recompensas. Não se faz a menor alusão ao amor, nem à alegria compartilhada em família, nem ao calor no relacionamento, nem aos sorrisos e ao carinho do filho que recompensam o sacrifício de cuidar dele. Ensina-se aos estudantes que devem evitar a gravidez como se se tratasse de evitar uma doença infecciosa, em vez de ensiná-los a receber uma nova vida como receberiam um milhão de dólares.

Semelhante exercício, que fomenta o medo às mudanças que implica ter um filho, não conta com a graça que se recebe no sacramento do matrimônio, graça que anula o temor mediante o amor, como diz São João: «No amor não há temor, pois o amor perfeito elimina o temor» (1 Jo 4, 18). E este é o tipo de amor que Deus quer que haja no nosso matrimônio: um amor que acolha os filhos, em vez de temê-los.

Tem-se chegado até a criar fóruns e páginas web com informações sobre clubes para adultos sem filhos que rejeitam o que chamam uma vida «filhocêntrica». Um desses clubes, *No Kidding* (Sem filhos), anima a nunca ter filhos e opõe-se às iniciativas governamentais que ajudam os pais na missão de cuidar dos filhos. Um artigo do jornal *Lincoln Journal-Star* transmitia a opinião de vários dos seus membros:

«"Sem filhos" é uma expressão que indica que estamos "livres de", livres de um fardo, de uma responsabilidade. Livramo-nos do fardo que os filhos acarretam para a nossa disponibilidade de tempo, dinheiro e recursos. Não estamos "sem" alguma coisa» – diz Katie Andrews, de 31 anos, professora de um colégio de ensino primário, casada e sem filhos.

E na mesma linha, Lori Kranz, de 39 anos, que reside na Califórnia, declara: «Temos liberdade para fazer o que quisermos, quando quisermos. Os dois somos profissionais e estamos comprometidos com o nosso trabalho». Lori, que é católica, diz que, durante as aulas do cursinho pré-matrimonial a que ela e o noivo assistiram na sua paróquia, abordaram o tema de não ter filhos e ninguém procurou fazê-los mudar de opinião[1].

Semelhante modo de pensar revela, no melhor dos casos, uma visão míope, e, no pior, um perigo não só para os indivíduos, mas também para a sociedade. Na sua *Carta às famílias*, João Paulo II diz:

«Uma nação verdadeiramente soberana e espiritualmente forte compõe-se sempre de famílias sólidas, conscientes da sua vocação e da sua missão na história [...]. Relegar a família a um papel subalterno e secundário, excluindo-a do lugar que lhe cabe na sociedade, significaria provocar um grave dano ao autêntico crescimento de todo o corpo social».

E o Papa prossegue:

«A cultura reduz-se a uma civilização de "coisas" e não de "pessoas", a uma civilização em que as pessoas são usadas como se fossem coisas. No contexto da civilização do prazer, a mulher pode chegar a ser um objeto para o homem, os filhos um obstáculo para os pais, a família uma instituição que dificulta a liberdade dos seus membros»[2].

---

(1) Valerie Takama, «No Kidding! More Couples Remain Childless by Choice», em *Lincoln* [Nebraska] *Journal-Star*, 5-11-1999.

(2) *Carta às famílias*, n. 17 e n. 13.

O valor dos filhos na Bíblia

Nenhum versículo da Bíblia diz que a abertura para a vida tenha um lado negativo. Em lugar nenhum se deixa entrever essa «sabedoria» que encara os filhos como um peso, um gasto ou um obstáculo ao desenvolvimento profissional ou à formação dos pais.

Os filhos não são uma «coisa» que se possui, nem o objeto que vamos adquirir depois do carro, da casa ou do cachorrinho; não são um salário extra que ganhamos. Não são o plano que vem depois de o casal ter realizado os anteriores e estar bem estabelecido na vida. Não são o próximo projeto depois de o casal se ter organizado para atender aos cuidados de que o cachorrinho necessita e de sentir-se preparado para dar mais um passo. Não têm valor por nós o termos dado. Têm valor em si mesmos por terem sido criados por Deus à sua imagem e semelhança. São puro dom.

São fundamentalmente *dEle*, não nossos. Ele no-los oferece a título de «empréstimo», para que cuidemos dos seus corações, mente e alma. Como deveremos receber cada um deles?

— Com *alegria*, porque – afirma Suzanne – «uma nova vida é muito melhor que todos os bens materiais ou todos os êxitos terrenos juntos».

— Com *gratidão*: «Os filhos são *bênçãos*, e a fecundidade um *dom* de Deus. Quanto o Senhor ama os seres humanos, as almas, as criancinhas!», exclama uma mãe de Phoenix.

— Com *humildade*: «Sinto-me muito honrada por Deus se ter servido de mim para ajudá-lO a criar almas para o seu reino», diz uma mãe de San Antonio, Texas.

— Com muito *amor*: «Pudemos comemorar o nosso primeiro aniversário de casamento com um filho de um mês!», diz carinhosamente uma mãe de Altoona, Pensilvânia.

Como é possível ter medo? Numa das suas primeiras viagens aos Estados Unidos, a Madre Teresa de Calcutá tomou uma criancinha nos braços e ouviram-na dizer: «Por que têm tanto medo de ti?»

Ou, com palavras de Cathy, uma personagem dos quadrinhos: «A minha geração tem que decidir entre ter um filho ou sê-lo».

Parece que a nossa cultura esqueceu o valor de um filho. Basta ir a um parque público das grandes cidades para ver a quantidade de pessoas que passeiam com um cachorro e as poucas que empurram um carrinho com um bebê. Alguma coisa não bate em semelhante panorama.

Qual é o valor do filho? O salmista exprime a visão que Deus tem dos filhos como valiosos presentes:

> Vede: a herança do Senhor são os filhos, a sua recompensa o fruto das suas entranhas. Como flechas na mão do guerreiro, assim são os filhos da juventude. Feliz o homem que encheu deles a sua aljava. Não sairão envergonhados da disputa na praça com os seus inimigos (Sal 127, 3-5).

Estamos numa batalha espiritual e os nossos filhos são as flechas. Quantas flechas você quer ter na sua aljava quando for combater?

Perguntaram a um homem que tinha onze filhos se a sua aljava estava cheia, e ele respondeu com um sorriso: «Sempre ouvi dizer que na aljava cabe uma dúzia». Você imagina uma câmera de TV que chegue à casa desse homem quando ele, a mulher e todos os filhos estão sentados à mesa para o almoço? O repórter diz: «Vede este pobre homem. Como poderá alimentá-los? Nunca conseguirá matriculá-los na Universidade». Mas o salmista diz que esse homem é rico! Deveria trazer um cartaz que dissesse: «*Porque* tenho todos estes filhos, sou rico!» «A tua mulher será como vinha fecunda entre as paredes da tua casa. Os teus filhos, como rebentos de oliveira em torno da tua mesa. Assim é abençoado pelo Senhor o homem que o teme» (Sal 128, 3-4).

Uma família numerosa é uma bênção de Deus. Mas isto não significa que uma família pequena não tenha importância. Cada filho tem um valor infinito, mesmo que seja filho único. Abraão e Sara tiveram um só filho: Isaac; Isaac e Rebeca, somente dois gêmeos: Esaú e Jacó. No entanto, essas duas famílias desempenharam um papel crucial na história da salvação. E certamente ninguém duvida da importância da Sagrada Família, embora só houvesse um Filho nessa casa.

A imagem do filho como uma flecha ilustra a importância de não apenas ter filhos, mas de educá-los na fé. Para preparar uma boa flecha que possa acertar no alvo, um arqueiro afia a ponta e coloca cuidadosamente as penas. Os filhos têm de ser afiados com disciplina e treinados na fé; depois sairão ao mundo para levar a cabo o trabalho que Deus lhes quiser confiar.

O valor dos filhos para nós

«Os filhos são dom um excelentíssimo do matrimônio e contribuem enormemente para o bem dos seus próprios pais», proclama o Concílio Vaticano II (*Gaudium et spes*, n. 50). Contribuem para a *nossa* felicidade.

Sabemos que *nós* contribuímos para o bem-estar dos nossos filhos, de manhã, de tarde e à noite. E assim durante muito tempo, porque, ao contrário das crias de outros seres vivos, o crescimento dos filhos é um processo lento, ao longo do qual dependem dos pais. Mas já reparamos que contribuem essencialmente para o *nosso* bem-estar, que nos dão a oportunidade de vivermos uma vida sacrificada por Deus e por eles, e assim tornarmo-nos santos?

Quando me casei com Scott, ambos caímos na conta de que éramos mais egoístas do que pensávamos. À medida que o tempo passava, porém, aprendemos a viver juntos e a ser em parte menos egoístas e em parte a viver em harmonia: já não pedíamos ao outro que se levantasse no meio da noite para trazer-nos alguma coisa que comer ou se levantasse antes para que o outro pudesse ter o café da manhã preparado.

Até que tivemos um filho e descobrimos como continuávamos a ser egoístas. Vimos muitas coisas novas: a meia-noite poderia ser um momento fabuloso para rezar, apesar de nos parecer que a essa hora era melhor estar na cama; tínhamos de agradecer que pudéssemos dormir seis horas, ainda que de três em três. E este ano poderemos cantar ao nosso filho, em vez de participarmos de um coro.

Uma mãe de Bryan, Texas, relatava a sua experiência pessoal:

«Cada um dos meus filhos ensinou-me cada vez mais sobre mim mesma e sobre o que é realmente importante. O amor que gera vida inclui a nova vida que os meus filhos me deram. Fizeram-me crescer em aspectos que jamais teriam sido possíveis se John e eu não tivéssemos dito singelamente: "Faça-se a vossa Vontade", deixando tudo nas mãos de Deus».

Anne afirmava: «Amadureci cuidando dos meus filhos. Com o nascimento do primeiro e dos que vieram a seguir, entendi melhor o sentido da minha vida: soube qual era a missão que Deus me tinha reservado».

Cada filho é uma combinação de seus pais e dos dons que Deus lhes deu. Que alegria ver que um filho desenvolve, individualmente e como parte de toda a família, os dons que recebeu de Deus! Num momento em que redigia estas páginas, ouvi um CD que a minha filha tinha gravado com uma música composta por ela. Não só senti crescer em mim sentimentos de respeito e gratidão, mas também percebi que essa música concreta nunca teria existido sem essa minha filha.

Um filho não é um intruso na idílica relação de um casal. Pelo contrário, é a expressão do amor que une esse casal. «O filho não vem de fora juntar-se ao amor mútuo dos esposos», diz o *Catecismo da Igreja Católica*, mas «brota do próprio coração desse dom recíproco, do qual é fruto e complemento» (n. 2366).

Uma das maravilhas de ter filhos é que marido e mulher voltam a se apaixonar um pelo outro. Olhamos fixamente para esses olhinhos pela primeira vez e depois olhamos para o nosso marido e, ao ver como são parecidos, apaixonamo-nos mais por ele. Todos os nossos filhos refletem algum aspecto de Scott e de mim. Com a chegada de cada um deles, apaixonamo-nos um pouco mais um pelo outro. Além disso, o sentimento familiar de amor aperfeiçoa-se em vários sentidos.

Em primeiro lugar, o marido, que participa do processo de gestação e parto, cresce em respeito pela esposa e dá valor ao seu heroísmo. Viu-a dar a vida pelo filho de ambos e fica estupefato. Cria-se uma nova relação que antes nunca teria sido possível: ele fê-la mãe; e ela fê-lo pai.

Em segundo lugar, os pais apreciam com nova luz o que os seus próprios pais fizeram por eles. Sentem de novo o profundo amor de que os rodearam desde que eram crianças. E reparam no que poderão aprender deles em futuras conversas e trocas de impressões.

Por último, é quase impossível descrever o que os pais experimentam quando veem que o seu filho ou filha agora tem um filho. Cresce neles o agradecimento a Deus e a admiração por esse filho ou filha e pela pessoa com quem se casaram, e recebem o bebê em seus corações nessa relação exclusiva que se estabelece entre avós e netos. Fortalece-se a comunhão do vínculo familiar. Experimenta-se o que João Paulo II afirma: «A família é continuidade de gerações»[3].

E todos os nossos novos filhos só fazem crescer essa civilização do amor. Quando esperávamos o nosso segundo filho, disse a meu pai: «Sei que tudo correrá bem, mas não vejo como. Amo Michael de todo o meu coração; como poderei amar também este filho de todo o meu coração?»

Meu pai respondeu-me: «Minha filha, você pensa no amor como algo que tem que dividir. O amor não se divide entre aqueles a quem amamos: multiplica-se. Você amará esse filho com todo o seu ser, e esse filho trará amor para todos».

Às vezes, os que são abençoados com um filho fecham o coração para a perspectiva de ter mais, mas isso pode mudar. O último versículo do Antigo Testamento é uma profecia sobre um desejo que Deus tem para a Nova Aliança: «E abrirá o coração dos pais para os filhos e o coração dos filhos para os pais» (cf. Mal 3, 24).

Um médico de South Dakota experimentou recentemente essa mudança de coração: «Obrigado, meu Deus, por me teres ajudado a estar aberto ao dom da vida outra vez. Os meus dois últimos filhos são fruto da mudança do meu coração. Eles não mudaram o meu coração. Fui eu que mudei o meu coração... e eles são os presentes que recebi».

Os filhos complicam a vida em todos os sentidos. Depois de nos termos adaptado a um filho, pai e mãe tornamo-nos mais independentes como esposos. Então um novo filho vem recordar-nos a sã interdependência que devemos manter na vida de casados. Temos de reequacionar as prioridades familiares. Temos de servir-nos mutuamente mais. E todos se beneficiam.

Sim, enfrentamos dificuldades como a gravidez, o parto

---

(3) *Carta às famílias*, n. 10.

e a recuperação. Temos de passar pelas varizes, náuseas, aumento de peso. Crescem fisicamente as tarefas domésticas. Lutamos com o desafio que constitui para as nossas forças acudir a todas as ocupações familiares, sem podermos ter as suficientes horas de sono. No entanto, por muito que seja o peso de todas estas coisas, não são nada em comparação com o privilégio de ter um filho. Não o esqueçamos: *um filho não é um fardo!*

Muitos dos que deram importantes contribuições à nossa sociedade foram o último filho de uma família numerosa. Será lícito pensar que Deus age através de nós para que haja filhos que tornem melhor o mundo? Conta-se que, quando perguntaram à Madre Teresa de Calcutá por que Deus não tinha mandado ainda alguém que descobrisse a cura da AIDS, ela respondeu: «Fiz essa pergunta a Deus, e Ele disse-me: "Mandei-o, mas abortaram-no"».

Quando contei este episódio numa conferência, aproximou-se de mim uma mulher muito zangada comigo: «Você demonstra a mesma mentalidade da sociedade: só vale a pena ter um filho se contribui com alguma coisa para a sociedade».

Agradeci a observação e exponho-a aqui, mas a verdade é que nunca pretendi mostrar-me tão utilitarista. Cada filho é sempre uma bênção, qualquer que seja a contribuição que possa dar à sociedade. E o que é inestimável é a contribuição que cada filho traz ao nosso crescimento em Cristo, seja qual for o seu tempo de vida, a sua saúde ou a sua capacidade mental. Vemos esta realidade em inúmeros santos que tiveram uma existência obscura e morreram cedo.

Eis como a escritora Beth Matthews relata a história do seu filho Patrick:

«Faz uns nove anos, Deus embarcou a minha família numa viagem estranha, mas fantástica. Em 1991, diagnosticaram autismo no nosso terceiro filho, Patrick. E assim começou a nossa odisseia. Apesar dos tratamentos, dietas, professores, Patrick melhorou pouco...

«Enquanto dirigia o carro por uma estrada com o pequeno ao meu lado, rezei uma vez mais a oração de Santo Inácio de Loyola e pedi-lhe a graça de amar sempre esse meu filho como era. Escorreram-me as lágrimas pela face. Pensei: "Pode ser que este filho nunca venha a jogar bola ou a dizer *mami*, mas será sempre um filho especial de Deus".

«E então caí na conta. Deus tinha-me abençoado oferecendo-me uma escada rolante para ir ao céu, que era exatamente o que tinha pedido nos dez anos anteriores. Deus conhecia a minha fraqueza. Sabia que eu precisava de muito mais do que um corrimão, e estendeu-me a mão do meu precioso filho e pediu-me que a segurasse. Às vezes para, às vezes retrocede, mas sempre aponta para o céu»[4].

A família Matthews cresceu em fé, esperança e amor. Agora o casal tem dez filhos e espera ter mais.

O valor de um filho para os seus irmãos

Muitas das virtudes que queremos ensinar aos nossos filhos são ensinadas com a maior naturalidade pelos irmãos, no contexto da vida em família. Um exemplo. Tentávamos ensinar a Timmy que compartilhasse os seus brinquedos, mas ele resistia e não compreendia por que era bom fazê-lo, até que o seu irmão Tommy procurou apossar-se de um deles. Esse simples episódio foi muito instrutivo: ensinou ao meu filho o que significava compartilhar as coisas (Jesus dava a Timmy para que Timmy pudesse compartilhar

---

(4) Beth Matthews, *Precious Treasure*, Emmaus Road Publishing, Ohio, 2002.

com os outros); ensinou como era mau roubar (Tommy não podia ficar sem mais nem menos com os brinquedos de Timmy); e como era necessário perdoar e ser generoso (Timmy teve ocasião de perdoar Tommy e depois estar disposto a compartilhar com ele os seus brinquedos).

Queremos que os nossos filhos vivam um amor sacrificado, que ajudem os menores com solicitude e carinho, que compartilhem com eles o seu tempo e atenção, as suas coisas; que vejam as necessidades dos que os rodeiam e se ofereçam para ajudá-los sem que ninguém lhes peça... e muitas coisas mais. Que melhor lugar para aprender tudo isto do que o contexto da vida em família? Quanto mais vida familiar tivermos, mais oportunidades daremos aos nossos filhos para que cresçam humana e espiritualmente.

No meio de tanta preocupação pelo número de adolescentes que ficam grávidas, muitos conselheiros de gravidezes problemáticas repararam numa coisa inexplicável: às vezes, as mães e as filhas não parecem entristecer-se muito com a notícia. Que acontece? A mãe vai ter de cuidar de um recém--nascido sem ter passado pela gravidez e pelo parto; a filha vai ter um filho a quem amar sem ter toda a responsabilidade de cuidar dele. É um modo errôneo de encarar a situação, mas talvez com essa atitude se satisfaçam outras necessidades.

Uma senhora de 45 anos, que é mãe de oito filhos e espera o nono, formulou uma das perguntas mais profundas que eu tinha ouvido a este respeito: «Não será que as adolescentes vêm tendo filhos porque seus pais não os querem ter?»

Pensemos nisto. Talvez seja que, no fundo, as adolescentes desejam ter irmãos. Se os pais tivessem filhos, elas poderiam deliciar-se com um bebê, ao mesmo tempo que tomariam conhecimento das exigências que traz consigo ter um filho. Entenderiam os filhos no contexto do matrimônio e quereriam permanecer virgens até terem esse tipo de relação responsável com alguém. O filho seria um testemunho do contínuo amor dos pais dos adolescentes, coisa que todos os filhos de todas as idades esperam ver.

No dia em que David nasceu, os nossos três filhos mais velhos vieram ver-nos no hospital. Depois de tomar David nos braços, o meu filho mais velho, Gabriel, veio para o meu lado e tomou-me a mão com carinho. Sussurrou devagar: «Mamãe, não encontro palavras para agradecer-lhe». Os dois ficamos sem respirar; o seu agradecimento emocionou-me. Os filhos são um presente, tanto os crescidos como os pequenos, para nós e entre eles.

Quando o filho não vem

Há casais que sofrem porque, embora tenham estado abertos aos filhos, não os têm e não sabem se algum dia poderão tê-los. E o sofrimento pode ser ainda maior quando veem que há casais que decidiram não ter filhos.

Será egoísmo pedir a Deus um filho? Não. Diz o Salmo 37, 4-5: «Põe as tuas delícias no Senhor e Ele te concederá os desejos do teu coração. Reza ao Senhor pelo teu caminho, confia nEle, que Ele agirá».

As nossas miras devem estar sempre postas no Senhor, mais do que nos nossos desejos. Se os conformarmos com a vontade de Deus, rezaremos assim: «Aqui está o meu desejo, mas desejo mais a tua Vontade; Jesus, confio em ti».

Pensemos no relato do Antigo Testamento acerca do modo como Deus recompensou Ana, a mãe do profeta Samuel (cf. 1 Sam 1). Não só desejava, naturalmente, ter um filho – além de que a segunda mulher do seu marido, muito fértil, a ridicularizava –, como também tinha um desejo sobrenatural de aumentar o reino. Sabia que Israel vinha sofrendo sob o regime de maus governantes e estava disposta a entregar o filho que tivesse em favor do povo eleito, se o Senhor a abençoasse.

Deus tomou-a pela palavra. Depois de muitos anos de oração com lágrimas, o Senhor fê-la saber por meio do sacerdote Eli que teria um filho. Quando esse filho, Samuel, tinha três anos, deixou de amamentá-lo e levou-o à casa de Eli para que vivesse com ele pelo resto da vida (é difícil compreender o profundo sacrifício que isso requer!).

A sua recompensa foram outros cinco filhos! Vemos os nossos filhos deste modo?, como uma recompensa?

Aprofundaremos neste tema em outro capítulo, mas desde já deve ficar claro que a nossa parte consiste em estar abertos à vida; a parte de Deus em abrir o ventre. A abertura do coração é um dom precioso de Deus. Uma das razões, entre outras, de que demore a vir um filho talvez seja a de dar-nos a oportunidade de desagravar pelos que encaram o filho como *lixo*. Ou que Deus venha preparando o nosso coração e o nosso lar para que adotemos uma criança cujos pais não podem ou não querem criá-la. Seja qual for o caso, devemos continuar a rezar e saber que Deus sempre nos ouve e responde, embora nem sempre da maneira que desejamos ou no momento em que lho pedimos.

A contracepção

Como cristãos, temos uma ética que reconhece o valor da vida de todo ser humano, pela única razão de que cada pessoa é feita à imagem e semelhança de Deus. Mas a atual cultura mudou esta ética por outra chamada de «qualidade de vida», que baseia o direito de viver num juízo de valor subjetivo que se centra em averiguar se determinada pessoa que vem ao mundo nos facilita ou nos complica a vida, se vale a pena para a sociedade. Temos que descobrir as raízes da guerra entre a vida e a morte que se trava à nossa volta. Não é tarde demais para restaurar a cultura da vida.

A Bíblia e a contracepção

Contracepção é o ato voluntário pelo qual se atenta contra a natureza procriadora próprio do ato conjugal. Costuma-se pensar que, como a maioria das formas de contracepção se desenvolveu recentemente, a Bíblia não diz nada a este respeito. Mas a rejeição à procriação não é nova. Vejamos o caso do *coitus interruptus* que, embora possa não ser muito eficaz, já era empregado na época em que se escreveu o texto sagrado.

A Igreja Católica interpretou Gênesis 38, 8-10 como o juízo de Deus sobre o ato deliberado da contracepção. Observemos a passagem no seu contexto:

> «Então Judá disse a Onã: "Vai, toma a mulher do teu irmão, cumpre o teu dever de levirato e suscita uma posteridade ao teu irmão". Mas Onã, que sabia que essa posteridade não seria dele, derramava por terra cada vez que se unia à mulher do seu irmão, para não dar a ele posteridade. O seu comportamento desagradou ao Senhor, que também o feriu de morte».

Em outras palavras, o único exemplo de ato contraceptivo mencionado na Sagrada Escritura mostra que a pessoa que o praticou foi castigada com a morte. Embora haja quem tente relacionar esse castigo com a desobediência à lei do levirato, nem os textos nem a tradição da Igreja apoiam semelhante interpretação.

A lei do levirato prescrevia que, quando um homem morresse sem filhos, o parente homem mais próximo devia casar-se com a cunhada viúva, e o primeiro filho que tivessem seria considerado filho do irmão defunto. Mas a pena prevista para o descumprimento dessa lei era apenas a humilhação pública, e foi por isso que a Igreja Católica sempre entendeu que a pena de morte imposta a Onã se deveu ao ato contraceptivo. Quando os católicos de princípios do século XX se confessavam de ter usado um anticoncepcional, normalmente confessavam-se de ter cometido o pecado de «onanismo».

Charles Provan, no seu livro sobre o controle da natalidade e a Bíblia, expõe de forma convincente o fio condutor de todas as transgressões sexuais que no Antigo Testamento se consideravam merecedoras da pena de morte:

1. a cópula homossexual masculina (Lev 20, 13)
2. a relação sexual de um homem com um animal (Lev 20, 15)

A CONTRACEPÇÃO

3. a relação sexual de uma mulher com um animal (Lev 20, 15)

4. o coito com uma mulher durante a menstruação (Lev 20, 18)

5. o ato de «ejacular fora» (Gên 38, 8-10)[1].

A esterilidade *temporária* era, pois, o objetivo de todas as formas de contracepção.

No Novo Testamento, encontramos três citações que condenam a *pharmakeia*, palavra grega da qual deriva o nosso termo «fármaco» ou medicamento. *Pharmakeia* em geral era a mistura de várias poções com fins ocultos[2], incluídas as poções que se preparavam para impedir ou interromper a gravidez. O costume de traduzir esse termo por «feitiçaria» é incorreto. Quando em Gálatas 5, 19-26 e no Apocalipse 9, 21 e 21, 8 se condena a *pharmakeia*, o contexto é o da imoralidade sexual ou imoralidade sexual e assassinato[3]. Portanto, é legítimo aplicar essas passagens para condenar os fármacos usados para a contracepção e o aborto.

Que revela a lei natural acerca da contracepção?

Deus Nosso Senhor ensinou-nos por meio da Igreja, basicamente através da Sagrada Escritura, o que quer que façamos. Mas também gravou no nosso interior os princí-

---

(1) Charles Provan, *The Bible and Birth Control*, Zimmer, Monongahela, Pa., 1989, pág. 17.

(2) William Arndt e F. Wilbur Ginfrich (eds.), *A Greek-English Lexicon of the New Testament*, Chicago University Press, Chicago 1957, pág. 861.

(3) Cf. John Hardon, *Catholic Cathecism*, Doubleday, Garden City, N.Y., 1975, pág. 367.

pios da lei natural que revelam o seu desígnio acerca do amor conjugal[4].

Muita gente interpreta erroneamente a «lei natural» quando pensa que se refere a leis da natureza ou leis físicas (como a gravidade e o magnetismo), ou talvez a procedimentos naturais como fazer a barba ou deixá-la crescer, usar desodorante, etc.

A lei natural é algo totalmente diferente. É a lei que explica o fim último das coisas. Como todos os seres humanos são governados pela lei natural, a Igreja, quando ensina o que se refere à lei natural, tem em vista o bem de toda a humanidade[5].

Apliquemos, por exemplo, o conceito de lei natural à comida. Por que comemos? Há muito boas razões para fazê-lo: gostamos da comida, festejamos alguma data com uma refeição, desfrutamos mais da companhia dos outros quando almoçamos ou jantamos, crescemos quando comemos (coisa talvez mais agradável às crianças do que aos adultos).

Mas podemos comemorar um evento sem uma refeição mais requintada. Podemos desfrutar de uma boa companhia sem almoçarmos ou jantarmos juntos. Podemos até crescer fisicamente durante os períodos de jejum. Por conseguinte, por que comemos em vez de dedicar o tempo das refeições a outra atividade? O objetivo ou fim primário do ato de comer é alimentar-nos. Mesmo quando comemos alguma coisa de que não gostamos, nutrimo-nos.

Pode haver boas razões para privar-nos do alimento, abstendo-nos de comer, e então não desrespeitamos a lei natu-

---

(4) A doutrina da Igreja acerca da lei natural é uma parte importante da Tradição católica que entendemos e valorizamos à luz do papel da Igreja como guardiã da verdade. A lei natural ajuda-nos a ver que a abertura à vida é uma verdade para todos os homens, não só para os católicos.

(5) Para uma boa explicação da lei natural, cf. Kippley, *Sex*, págs. 26, 48.

ral. Mas todos acharíamos uma desordem comer e a seguir vomitar (bulimia), não comer e praticamente morrer de fome (anorexia nervosa). Também concordaríamos em que o uso de vomitivos (como faziam os romanos para continuar a comer durante opulentos festins) seria antinatural e incorreto. Gozar do prazer da comida e impedir as consequências da gula atenta contra a lei natural.

Da mesma maneira, há muitas razões para que um casal renove o seu amor mediante o ato conjugal: o sentimento de proximidade, de comunicação íntima, o prazer e a experiência unitiva. Mas há um fim primário do ato matrimonial que só se pode realizar pelo ato conjugal: a criação de outro ser humano.

Este é o motivo pelo qual a *Humanae vitae* nos recorda que «a Igreja, ao exigir que os homens observem as normas da lei natural, interpretada pela sua permanente doutrina, ensina que qualquer ato conjugal deve estar aberto à transmissão da vida» (n. 11). Se saboreamos o amor mútuo e pretendemos vomitar o conteúdo do nosso amor, opomo-nos à lei natural e o nosso ato é desordenado.

O próprio Freud, cujas teorias filosóficas conformaram tanto o pensamento moderno sobre a natureza humana, faz-se eco dos princípios da lei natural relativos ao ato conjugal, quando trata das perversões sexuais:

«Mais ainda, é uma característica comum às perversões que nelas se deixa de lado o objetivo da reprodução. Este é, com efeito, o critério pelo qual julgamos se uma prática sexual se perverteu: se os seus fins se afastam da reprodução e se procura independentemente o prazer»[6].

---

(6) Sigmund Freud, *A General Introduction to Psycho-Analisis*, trad. Joan Rivere, Liverwrigt, Nova York, 1935, cit. por Kippley, *Sex*, pág. 39.

Podemos distinguir os significados do ato conjugal, mas não podemos separá-los. Ainda que uma prostituta se entregue por dinheiro ou prazer, está unida ao homem. Diz São Paulo: «Não sabeis que quem se une a uma meretriz se faz um corpo com ela? Porque está escrito: "Serão dois numa só carne"» (1 Cor 6, 16).

Ainda que um casal mantenha relações sexuais pelo prazer que causa, poderá dar-se a circunstância de que concebam uma vida, independentemente do modo como controlem a natalidade. Apesar de que se possa inseminar uma mulher para que tenha um filho sem necessidade de um homem, esse filho continua a ter um pai: ela não o criou sozinha. A *Humanae vitae* fala da «inseparável conexão [...] entre os dois significados do ato conjugal: o significado unitivo e o significado procriador» (n. 12).

Quando usamos anticoncepcionais, representamos uma paródia e contradizemos o que afirmamos respeitar. Dizemos com os lábios: «Sou totalmente seu, e você é totalmente minha, até que a morte nos separe». Mas com os nossos corpos dizemos: «Rejeito a parte de você e não lhe entrego a parte de mim que poderiam criar uma nova vida através do nosso amor».

João Paulo II escreve:

«Quando os esposos, mediante o recurso aos anticoncepcionais, separam esses dois significados que Deus criador inscreveu no ser do homem e da mulher e no dinamismo da sua comunhão sexual, comportam-se como "árbitros" do desígnio divino e "manipulam" e aviltam a sexualidade humana, e com ela a própria pessoa do cônjuge, alterando o seu valor de doação "total". Assim, a contracepção impõe uma linguagem que contradiz objetivamente a linguagem natural, que é a de [os cônjuges] não se darem totalmente um ao outro: não só se rejeita positivamente a abertura à vida, mas também se cai numa falsificação da verdade interior do amor conjugal, chamado a entregar-se em plenitude pessoal»[7].

A contracepção degrada a sexualidade humana porque reduz o casal a dois indivíduos em busca de prazer. É a rejeição da semente vivificadora do homem e do ventre nutritivo da mulher, para os quais homem e mulher foram criados. Essa rejeição atenta contra a lei natural.

Cada vez mais, a prática da contracepção nas relações matrimoniais e pré-matrimoniais vem demonstrando ter os mesmos traços degradantes que caracterizam a outra prática estéril: a do homossexualismo. Eis características que a acompanham: promiscuidade, luxúria, infidelidade, esterilidade, doenças, sensualidade, pornografia e mesmo morte.

Aos que pensavam que a pílula seria a grande panaceia para melhorar a vida conjugal, os dados vieram a demonstrar uma realidade diferente. Num artigo sobre Paulo VI e a contracepção, Michael McManus revela que «desde que se começou a vender a pílula em 1960, os divórcios triplicaram, os nascimentos extramatrimoniais passaram de 224.000 para 1.200.000, os abortos duplicaram e os casais que apenas moram junto de fato multiplicaram-se por dez e passaram de 430.000 para 4.200.000»[8]. Na cultura atual, há mais promiscuidade entre os adolescentes, mais adultério, mais doenças de transmissão sexual e mais infertilidade do que nunca. E as consequências das relações extramatrimoniais afetam, com palavras de João Paulo II, os «órfãos de pais vivos»[9].

---

(7) *Familiaris consortio*, n. 32.

(8) Michael McManus, «Pope Paul VI: Right on Contraception», *Scranton [Pennsylvania] Times*, 24-10-1999.

(9) *Carta às famílias*, n. 14.

Os frutos da cultura de morte demonstram que quem quebra a lei de Deus quebra a si mesmo. A doutrina da Igreja é clara:

«A Igreja sempre ensinou a intrínseca malícia da contracepção, isto é, de todo ato conjugal feito intencionalmente infecundo. Este ensinamento deve ser considerado como doutrina definitiva e imutável. A contracepção opõe-se gravemente à castidade matrimonial, é contrária ao bem da transmissão da vida (aspecto procriador do matrimônio) e à entrega recíproca dos cônjuges (aspecto unitivo do matrimônio), lesa o verdadeiro amor e nega o papel soberano de Deus na transmissão da vida humana»[10].

Não devemos esquecer quem é Deus. Ele desenhou-nos, deu-nos a vocação para o matrimônio e o poder de ser seus instrumentos na transmissão da vida, de cooperar corajosamente com o seu amor criador para aumentar e enriquecer a sua própria família (cf. *Gaudium et spes*, n. 50).

Enche-me de admiração a posição inquebrantável – e hoje quase única – da Igreja em favor da santidade do matrimônio. Infelizmente, há católicos que têm a impressão de que a Igreja não condenou radicalmente a contracepção, deixando uma porta aberta. É uma impressão falsa. Pensam que cabe a cada casal decidir o que deve fazer nesta matéria, segundo a sua consciência. Mas nesta questão não há lugar para opções; não existe nada de parecido com um «catolicismo *a la carte*», em que se escolhe que parte da doutrina da Igreja está de acordo com as inclinações pessoais e se rejeita o que não se encaixa nas teorias ou conveniências próprias.

---

(10) *Vademecum*, II, n. 4.

A conexão entre aborto e contracepção

Embora haja quem sustente que a contracepção evita a alternativa do aborto, a verdade é que aumenta o recurso ao aborto. «Apesar da sua diversa natureza e peso moral – observa João Paulo II –, a contracepção e o aborto estão com muita frequência intimamente relacionados, como frutos de uma mesma planta»[11].

Entre tantos testemunhos, eis o de uma senhora de Los Angeles:

«Abortei quando tinha quinze anos. Para mim, foi algo que me despedaçou quando cresci e me converti ao cristianismo e depois ao catolicismo. Estava desfeita porque não me tinha educado na abertura para a vida, embora meu pai fosse católico de nascença (morreu quando eu tinha dezessete anos). Não contei nada ao meu marido senão depois de onze anos de casados.

«Conto isto para dizer que, desde que me tornei cristã, desde que cresceu em mim a confiança em Deus e me converti ao catolicismo, lamentei cada vez mais a minha decisão passada e o modo como fui educada. É uma coisa contra a qual luto diariamente. Confio na misericórdia e no amor infinitos de Deus, mas não consigo esquecer-me do que fiz.

«Viverei sempre sabendo que matei o meu primeiro filho».

Em 22 de janeiro de 1973, com a sentença do caso *Roe vs. Wade*, o Tribunal Supremo dos Estados Unidos legalizou em todo o país o aborto durante os nove meses de gravidez. Nove meses depois, meu pai anunciou do púlpito da sua igreja presbiteriana que ele e a minha mãe esperavam um

---

(11) João Paulo II, *Evangelium vitae*, 25-3-1995, n. 13.

novo filho; tinham-se passado oito anos desde que nascera a minha irmã mais nova.

Ao sair da igreja, uma boa amiga da minha mãe cumprimentou-a e disse-lhe: «Patty, você sabe que não tem por que passar por isso». Pensava que, aos quarenta e um anos de idade, minha mãe provavelmente não tinha planejado esse nascimento.

Minha mãe desconcertou-se. Tinha-lhe custado aceitar a nova gravidez nesse momento da sua vida, mas nem lhe tinha passado pela cabeça abortar. Apesar do seu caráter tranquilo e bem-educado, disse energicamente o que pensava:

«Se eu não fosse uma mulher cristã, eu a jogava no chão com uma bofetada. Sabe o que me acaba de dizer? Que pense em matar o meu filho!» E depois disso, afastou-se... e a sua amizade com essa pessoa nunca mais voltou a ser a mesma.

Já vimos que alguns anticoncepcionais são abortivos. O DIU e algumas pílulas que só contêm progesterona não suprimem a ovulação, mas tornam o útero incapaz de acolher a vida que foi concebida. No início, a pílula sempre suprimia a ovulação, ao mesmo tempo que alterava as paredes do útero para que a nova vida não pudesse desenvolver-se. Mas, como tinha muitos efeitos secundários graves, como embolia pulmonar, enfarte do miocárdio, derrame cerebral, etc., os médicos descobriram que esses riscos diminuíam se reduzissem a dose de hormônios na pílula. Depois que as companhias farmacêuticas mudaram os níveis de hormônios e lançaram pílulas com doses menores, apareceu uma nova consequência: começaram a produzir-se abortos.

«Suprime-se sempre a ovulação? Não. Produz-se a ovulação entre dois e dez por cento dos ciclos da mulher que toma a pílula. Se sessenta milhões de mulheres no mundo tomam a pílula, haverá entre 1.600.000 e 6.000.000 de ovulações por

A CONTRACEPÇÃO

ciclo. Isto é conhecido com escape ovulatório e é ainda mais frequente com a pílula que contém só progestágenos»[12].

Muitas mulheres que tomam a pílula por quererem evitar a gravidez desconhecem esse efeito, e depois em muitos casos optam pelo aborto.

Outros perigos da contracepção

O Dr. Chris Kahlenborn publicou há uns anos um livro sobre o câncer de mama[13] em que afirma e documenta (com mais de quinhentas referências) que existe uma clara conexão entre alguns tipo de câncer, o aborto e a pílula. Cita estudos que documentam um incremento dos casos de câncer de mama, câncer do colo uterino, tumores hepáticos, metástases do câncer cervical e câncer cutâneo. Os resultados são mais devastadores se as mulheres eram jovens quando começaram a tomar a pílula e se a tomaram durante um longo período de tempo.

Em termos de dignidade humana, que marido responsável pode ler com atenção os possíveis efeitos secundários da pílula e depois dizer à esposa que comece a tomá-la (ou continue a tomá-la)? Isso não é uma expressão de amor, mas de interesse pessoal. Não é um modo inteligente de agir, mas estúpido. Até há pouco tempo, muitos homens podiam alegar que desconheciam esses efeitos secundários, e as mulheres que não podiam entender os riscos. Mas hoje não podem continuar a fazer caso omisso das provas. São Paulo diz que os homens devem amar as suas esposas como

---

(12) Couple to Couple League, «The Pill: How Does It Work? Is It Safe?»

(13) Cf. Chris Kahlenborn, M.D., *Breast Cancer: Its Link to Abortion and the Birth Control Pill*, One More Soul, Dayton, Ohio, 2000.

ao seu próprio corpo (cf. Ef 5, 28). Será que o fazem quando permitem (ou mesmo pedem) que as suas esposas assumam esses riscos para evitar o dom de um filho?

A fertilidade não é uma doença para que se receitem remédios! E se não é, por que receitam a pílula? No tratamento contra o câncer, os efeitos secundários da quimioterapia podem ser devastadores, mas o risco pode valer a pena. A pílula tem muitos efeitos secundários, mas... vale a pena?

A luxúria na vida conjugal: o efeito da pornografia

Numa audiência geral de 1980, João Paulo II citou as palavras de Jesus em Mt 5, 27-28: «Ouvistes que se disse: "Não cometerás adultério". Mas eu vos digo que todo aquele que olhar com luxúria para uma mulher já cometeu adultério no seu coração». Depois fez uma surpreendente aplicação ao matrimônio: «Este adultério "no coração" pode ser cometido também pelo homem a respeito da sua própria esposa, se a trata apenas como objeto de satisfação do instinto»[14].

Nem o marido nem a mulher devem usar o outro como um objeto para satisfazer o seu desejo sexual. A dignidade humana é atacada quando um esposo comete o pecado de luxúria contra a sua esposa.

Uma mulher de West Covina, Califórnia, revela a sua dor:

«Habitualmente o meu marido "tem feito sexo" comigo sem que me satisfizesse, embora ele parecesse satisfeito. "Fez amor" comigo e para mim *uma só vez*, e isso foi depois de ter decidido limpar a nossa casa de todo material pornográfico

---

(14) João Paulo II, Audiência geral de 8-10-1980, n. 3.

A CONTRACEPÇÃO

e de o ter feito. Assim me confessou, comprometendo-se a cortar com isso; senti o seu compromisso total para comigo. Mas ainda luta contra a sua inclinação para a pornografia. «Sonho com o dia em que ambos possamos exprimir o nosso amor mútuo de uma maneira que satisfaça os dois e agrade a Deus. A lembrança da única vez em que senti que o meu marido fazia amor comigo fez-me chorar muitas vezes depois de uma relação puramente sexual (física). Rezo para que se ponha fim à pornografia e renasça o respeito pelas esposas (pelas mulheres). O planejamento familiar natural vem-nos ajudando».

Depois de falar deste tema em Long Beach, Califórnia, uma mulher aproximou-se de mim e confessou-me: «Meu marido traz filmes X para casa, para que assim aprendamos a ter um bom sexo. Como estamos casados, está bem, não?»

Respondi-lhe: «Não, isso não pode beneficiar a vossa relação. Excitar-vos vendo outros e depois comprazer-vos vós mesmos através do ato conjugal é tanto um caso quase de adultério, como uma degradação do cônjuge, porque usais um do outro mutuamente, em vez de vos entregardes mutuamente. É necessário destruir esses filmes e recusar-se para sempre a voltar a participar desse tipo de atos».

Essa mulher agradeceu-me que fosse tão sincera e disse-me que já o tinha experimentado. Tinha sentido a infidelidade e a degradação que eu lhe dizia.

É necessária a pureza de desejos, de intenções e de respeito para nos podermos entregar sinceramente e podermos receber o dom do outro. Christopher West diz isso mesmo: «Assim como a luxúria cega o homem e a mulher para a sua própria verdade e deforma o seu apetite sexual, assim e muito mais esse modo puro de relacionar-se fortalece o homem e a mulher para que se amem um ao outro tal como lhes foi ordenado no princípio do mundo. Através dos sacramentos podemos conhecer e experimentar o poder transformador do amor de Cristo. Isto é uma boa notícia: é maravilhosa»[15].

Que acontece com a consciência?

A Igreja condenou claramente a contracepção. E, no entanto, muitos católicos não aceitam essa doutrina proclamada com autoridade. Por quê? Porque com frequência apelam para a consciência. Mas o que é a consciência?

É o santuário mais íntimo da nossa alma, por meio do qual escolhemos o bem e lutamos contra o pecado nos nossos pensamentos, palavras e obras, baseando-nos na nossa concepção do bom e do mau (cf. *Catecismo da Igreja Católica*, n. 1777). É o músculo moral; devemos desenvolvê-lo e usá-lo; caso contrário, atrofia-se.

Devemos, pois, seguir a consciência, mas também devemos formá-la de acordo com a verdade.

A lei de Deus está escrita em todos os corações humanos; a consciência é o meio de captá-la (cf. Rom 2, 15). Obedecer a essa lei é necessário não somente para não ofender a Deus pelo pecado, mas também para não ferir a consciência (cf. Rom 13, 5). Temos um sentido adquirido do bom e do mau formado pela nossa família, professores e amigos. Mas devemos ir mais longe e formar a nossa consciência lendo, estudando e rezando, para que o sentido do certo e do errado esteja firmemente fundamentado na verdade objetiva.

João Paulo II diz que «as pessoas casadas não podem encarar a lei como um mero ideal que se pode alcançar no futuro, mas devem considerá-la como um preceito do Senhor para que superem com valentia as dificuldades»[16].

---

(15) Christopher West, *Good News About Sex and Marriage: Answers to Your Honest Questions About Catholic Teaching*, Servant, Mich. 2000, pág. 28.

(16) *Familiaris consortio*, n. 34.

Um estudante responsável que não queira pedir um empréstimo para pagar os seus estudos universitários não pode roubar pensando que o fim é bom. O fim não justifica os meios. Do mesmo modo, não podemos dizer que o uso da contracepção é bom porque se trata de uma medida temporária, até haver condições para abrir-se à vida. Devemos perguntar-nos: a ação em si é moral? Se não o é, não podemos praticá-la, sejam quais forem os nossos sentimentos. Temos de ser capazes de dizer com São Paulo: «Por isso eu também me esforço por conservar sempre uma consciência limpa diante de Deus e diante dos homens» (At 24, 16). Devemos formar uma consciência clara para vivermos segundo os seus ditames. Se não fizermos caso da consciência, acabaremos por torná-la tão variável que deixará de ser a bússola moral de que precisamos. São Paulo adverte: «Alguns, por a terem deixado de lado [a boa consciência], naufragaram na fé» (1 Tim 1, 19). As consequências desta rejeição são enormes. «Tudo é limpo para os limpos; mas, para os contaminados e incrédulos, não existe nada limpo, porque têm a mente e a consciência contaminadas. Declaram conhecer a Deus, mas negam-no com as suas obras, já que são abomináveis e rebeldes, incapazes de qualquer obra boa» (Ti 1, 15-16).

A contracepção é contra a vida, contra a mulher e contra o amor

É contra a vida

Deus criou a raça humana, homem e mulher, à sua imagem. Uma vez que Satanás não pode criar como Deus o faz, tenta prejudicar ou mesmo destruir o que é imagem de

Deus. Deus é o Espírito da vida. Satanás é o destruidor que odeia a vida, o espírito da antivida. O escritor católico Mark Shea observa a respeito da natureza destrutiva da contracepção:

«O seu propósito é introduzir no projeto do compromisso total uma válvula de escape. Implica autonomia (a respeito do outro), poder (de decidir um futuro livre de filhos) e direito ao prazer acima do amor e da fecundidade. Pretende separar homens e mulheres, pais e filhos»[17].

É contra a mulher

A mulher é um cálice sagrado de vida. Esteja vazia ou cheia, foi especialmente reservada por Deus para conter vida, como o cálice da Eucaristia. Mas a contracepção rejeita o ventre da mulher como receptáculo de uma nova vida e, nesse sentido, atenta contra a dignidade que Deus conferiu à própria mulher.

É contra o amor

Deus é amor, criou-nos por amor, e deu aos casados o poder de imitá-lO na sua obra de amor. Abençoa o amor generoso de marido e mulher com o dom de um filho, que é a personificação desse amor à imagem dEle.

É uma belíssima visão do matrimônio. Foi por ela que Tim e Ken, entre tantos outros, se tornaram católicos:

«Toda a nossa atitude quanto ao significado do matrimônio mudou. Agora sentimos e sabemos que Deus quer que o

---

(17) Mark Shea, *Interference vs. Cooperation: The Wisdom of Catholic Sexual Theology*, trabalho inédito.

matrimônio seja uma forja de graça e de amor. O privilégio de sermos os meios de que Deus se serve para trazer uma alma humana eterna ao seu reino de amor é indizivelmente fantástico e sagrado. Estamos eternamente agradecidos».

Um médico de Franklin Park, Illinois, escreve:

«Até hoje, nunca pude entender como as pessoas encaram a contracepção como prova de paixão. Parece-me um dos atos mais friamente calculados que se possa imaginar: é a antítese total da paixão».

Resumindo: a contracepção vai contra a natureza, contra a Sagrada Escritura, contra a Tradição, contra a virtude, contra o apreço pela vida, pela mulher e pelo amor. E contra o senso comum.

A Sagrada Comunhão
e a união íntima

Jesus descreve a si mesmo como o esposo que convida a sua esposa, a Igreja, a recebê-lO em íntima união através da Sagrada Comunhão (cf. Apoc 19, 6-9). À imitação de Jesus, o noivo convida a amada a recebê-lo em íntima união através do matrimônio. Estes dois sacramentos – a Eucaristia e o matrimônio – permitem-nos entendê-los melhor, um através do outro.

A Sagrada Comunhão
através da entrega de si mesmo

Jesus é o esposo que entrega a vida pela Igreja, sua esposa (cf. Ef 5, 25). Dá-se a ela. Tudo o que faz, fá-lo por ela. Em correspondência, a Igreja, como esposa, dá-Lhe livremente tudo o que ela é e tudo o que faz. Este intercâmbio de pessoas é a Nova Aliança.

Na Missa, Jesus convida o povo a corresponder à sua entrega: «Eis que estou à porta e bato; se alguém escutar a minha voz e abrir a porta, entrarei na sua casa e cearei com ele e ele comigo» (Apoc 3, 20). Em outras palavras, Jesus deseja uma íntima união conosco. Não quer vir apenas ao nosso coração, mas ao nosso corpo. Quer entregar-se desta forma total.

No santo matrimônio, dá-se uma entrega semelhante. Damo-nos como dom ao nosso cônjuge e ele recebe-nos com o dom de si mesmo. Neste processo, convertemo-nos em canais recíprocos de graça sacramental.

Tornamo-nos «vulneráveis» um ao outro, numa nudez sem vergonha. E com isso a nossa comunhão torna-se cada vez mais profunda. Esta é a razão pela qual podemos dizer aos nossos filhos (como me dizem os meus pais frequentemente) que, à medida que crescemos em amor conjugal, a intimidade melhora cada vez mais, porque nos entregamos com mais plenitude e nos recebemos um ao outro de um modo mais completo do que nunca.

A união íntima das pessoas

Na Eucaristia, Jesus oferece-se à sua esposa, a Igreja, sob as aparências do pão e do vinho. A Igreja une-se fisicamente a Jesus quando recebemos o dom da sua carne e do seu sangue. Fazemo-nos um só corpo com Cristo, numa união nupcial, quando Ele entra em nós com a sua vida divina.

Do mesmo modo, o marido e a mulher unem-se numa só carne quando a mulher recebe do marido a semente que dá vida. Reparemos no comentário de Jesus acerca de Gênesis 2, 24:

> «Ele respondeu: Não lestes que no princípio o Criador os fez homem e mulher e disse: "Por isso o homem deixará o seu pai e a sua mãe e unir-se-á à sua mulher, e serão os dois uma só carne"? De modo que já não são dois, mas uma só carne. Portanto, o que Deus uniu, o homem não o separe» (Mt 19, 4-6).

A SAGRADA COMUNHÃO E A UNIÃO ÍNTIMA

Nesse contexto, diz São Paulo: «Grande mistério é este, e eu digo que se refere a Cristo e à Igreja» (Ef 5, 32). A união conjugal converte-se numa imagem para o mundo da união de Cristo com a sua esposa, a Igreja. O nosso matrimônio sacramental é um testemunho da relação entre Cristo e a Igreja. E o ato físico de nos convertermos numa unidade reflete a nossa união crescente, de corpo e alma, em Cristo.

É uma tradição que a cerimônia do casamento se celebre no contexto de uma Missa. Por que será? O *Catecismo da Igreja Católica* explica (n. 1621):

«É, pois, conveniente que os esposos selem o seu consentimento em dar-se um ao outro, mediante a oferenda das suas próprias vidas, unindo-se à oferenda de Cristo pela sua Igreja, que se faz presente no Sacrifício Eucarístico, e recebendo a Eucaristia, para que, comungando do mesmo Corpo e do mesmo Sangue de Cristo, "formem um só corpo" em Cristo».

A Missa é o contexto mais apropriado para um casamento, porque a Eucaristia é o presente de casamento e a própria entrega de Cristo à sua Igreja.

O dom e entrega nupcial de marido e mulher converte--se numa expressão cada vez mais significativa à medida que o amor amadurece. Cada ano que passa, não «fazemos sexo»: entregamo-nos um ao outro. E quanto mais vida compartilhamos – experiências, desafios, alegrias e sofrimentos –, mais nos conhecemos e nos amamos reciprocamente. Experimentamos a noção bíblica de que «conhecer» alguém significa o ato conjugal. E quando os nossos corpos envelhecem, são uma preciosa recordação da fidelidade de Deus através dos anos e da nossa mútua fidelidade. E as estrias e cicatrizes do parto fazem-nos ser ainda mais amados pelo outro. É como diz Scott: «Kimberly, o seu corpo diz que você me amou a tal ponto que me deu os meus filhos».

Scott faz esta comparação: o sexo não é «bom» no mesmo sentido em que se diz de uma sopa que é de «lamber os beiços». O sexo não é «delicioso» no sentido em que se diz que os Corn Flakes, segundo a propaganda americana, fazem «ressuscitar um morto». O sexo, o que é, é santo. Assim como ninguém usa um cálice para tomar uma Coca--Cola, o corpo da mulher é um vaso sagrado destinado a um fim especial.

Anne, esposa e mãe, faz esta reflexão:

«O Espírito Santo guiou-me para que visse que o amor matrimonial, aberto à vida, tem como modelo Cristo que morre na Cruz para dar a sua vida e amor pelas almas. Desde a minha adolescência, compreendi que nunca se podem separar o amor e a vida, assim como o amor de Cristo pelas almas nunca pode ser separado da vida que Ele quis dar às almas. Certa vez, um sacerdote disse que pensava que o ventre de uma mulher é como um cálice de altar, um vaso sagrado destinado a conter a vida e o sangue que geram vida. Tal como se consagra o cálice antes de dedicá-lo ao seu excelso uso sobre a mesa do altar, assim a mulher é "elevada" no sacramento do matrimônio a uma missão divina e humana que lhe confere dignidade no meio de um mundo prosaico».

Criando um novo laço de família

O Pai mandou-nos o Filho para que pudéssemos ser seus filhos.

«Mas quando veio a plenitude dos tempos, Deus enviou o seu Filho, que nasceu de uma mulher e nasceu submetido a uma lei, a fim de remir os que estavam sob a lei, para que recebêsse-

A SAGRADA COMUNHÃO E A UNIÃO ÍNTIMA 97

mos a sua adoção. A prova de que sois filhos é que Deus enviou aos vossos corações o Espírito do seu Filho, que clama: *Abba*, Pai! Portanto, já não és escravo, mas filho. E, se és filho, também és herdeiro por Deus» (Gál 4, 4-7).

«Em resumo – diz o Apóstolo na Carta aos Romanos –, foi-nos entregue "o espírito de filiação"» (8, 15). Jesus ensinou os seus discípulos a rezar a oração que começa «Pai nosso que estais no céu» (Mt 6, 9). Seu Pai é agora nosso Pai. Sua Mãe, Maria, é agora nossa Mãe, já que somos a sua descendência, já que somos «aqueles que guardam os mandamentos de Deus e dão testemunho de Jesus» (Apoc 12, 17).

Agora somos irmãos e irmãs. Utilizamos o vocabulário de uma família para explicar as nossas novas relações em Cristo. Reunimo-nos na Missa como a família de Deus em volta da mesa do Pai. O sacrifício da Missa é a refeição da aliança. A paz na família é tão importante que, se durante a Missa nos lembramos de que um irmão ou irmã tem alguma queixa contra nós, temos que deixar a nossa oferenda no altar e procurar imediatamente a reconciliação (cf. Mt 5, 23-24).

Sempre me senti próxima do Pai de Jesus porque o meu pai tem sido para mim uma bela imagem dEle. Mas nunca pensei que a minha mãe fosse o reflexo da mãe de Jesus, até que me fiz católica. Agora vejo a sorte que tenho de possuir uma mãe que me transmite a suavidade, o espírito sereno e a obediência de Maria. No início, custava-me chamar «Mãe» a Maria; mas, quanto mais o faço, baseando-me na realidade da minha entrega a Cristo, meu irmão, mais vejo que a sua maternidade me abraça como sua filha.

Os protestantes são bem-vindos à Missa e podem estar presentes para receber uma bênção, mas não podem receber a Eucaristia. Têm de esperar até que se restabeleçam as relações da sua comunidade com a Igreja. Ainda rejeitam a autoridade da Igreja; enquanto não a reconhecerem e se submeterem a ela como aos seus pais, continuam a ser irmãos que não participam da mesa familiar. A sua situação é semelhante à de um casal que quiser ser incluído numa reunião familiar depois de ter repudiado todos os seus parentes durante anos.

Outra analogia que pode dar o que pensar é a do compromisso. Ainda que um homem e uma mulher vivam juntos e estejam verdadeiramente entregues um ao outro, ainda lhes falta comprometerem-se mutuamente mediante as promessas do casamento. Há casais realmente comprometidos com o Senhor, mas, enquanto não se comprometerem com a esposa de Cristo, a Igreja, não podem receber o Senhor na Comunhão. A recepção do esposo ou da esposa na cerimônia do casamento produz uma comunhão tão íntima como a recepção do Senhor na Eucaristia, e deve ser protegida pelo juramento. Este paralelismo entre a Eucaristia e o matrimônio significa que, antes do casamento, ele e ela são irmão e irmã no Senhor, mas essa relação deve ser elevada a um novo nível pelo sacramento do matrimônio.

Em 18 de agosto de 1979, Scott e eu constituímos a nossa família. Tínhamos decidido previamente que cada um chamaria «mamãe» e «papai» aos pais do outro, porque casar-se significa que passamos a ser realmente parte da família do outro para sempre.

Três semanas depois, visitávamos os pais de Scott e aconteceu que entrei no chuveiro sem ter visto se havia uma toalha para mim. Scott não estava em casa, e eu abri a porta e gritei: «Mamãe!»

Ninguém respondeu. Gritei um pouco mais alto e, depois de várias tentativas, a minha «mãe Hahn» aproximou-se da escada e perguntou: «Está chamando por mim?» Não reconheceu a minha voz como a de um dos seus filhos, mas, ao ouvir que eu gritava «mamãe», subiu e passou-me uma toalha.

Agora, não nos cabe na cabeça chamar os nossos pais de outro modo que não «papai» e «mamãe». Requereu prática. Mas hoje o vínculo sobrenatural das relações familiares estabelecidas através do sacramento do matrimônio é sentido como algo natural.

Num verão, Scott dava as suas aulas num bairro pobre de Pittsburgh. Procurava ensinar aos jovens adolescentes que deviam esperar até casar-se para ter relações sexuais. Um rapaz levantou a mão e perguntou: «Não vai querer dizer que é errado ter filhos fora do matrimônio, não é?»

Scott respondeu: «É claro que é errado ter filhos fora do matrimônio. Mas, além disso, não se deve fazer fora do matrimônio o que se faz para ter filhos».

«Mas – replicou o rapaz de catorze anos – o sexo é divertido. É como jogar basquetebol». Toda a classe riu e Scott percebeu o trabalho que o esperava naquele verão.

O sexo não é um divertimento e muito menos uma necessidade, por muito que os meios de comunicação o digam. Podemos morrer se não temos nada que comer; podemos morrer se não temos água; podemos morrer se não dormimos. Podemos até morrer se não temos um amor que nos acolha. Mas nunca ninguém morreu por não ter sexo!

John Kippley conta o episódio de um sacerdote que hesitava em aceitar a doutrina da Igreja contrária às relações pré-matrimoniais. Uma pessoa casada perguntou-lhe se teria sido acertado que ele, o sacerdote, tivesse celebrado a Missa na noite anterior à sua ordenação. O sacerdote respondeu-lhe imediatamente que não.

O jovem replicou: «O mesmo se passa com o casamento. O senhor não podia celebrar a Missa antes de ter recebido o sacramento; nós não podíamos celebrar o casamento sem o sacramento. Certamente todos desejaríamos realizar esses atos especiais próprios de um sacerdote ou de quem vai casar-se, mas tínhamos de aguardar o momento apropriado»[1].

Só consumar a relação depois do compromisso matrimonial demonstra verdadeiro amor e respeito pela outra pessoa. E fazer as coisas corretamente, como diz a minha mãe, fortalece as famílias das quais procedemos e aumenta o patrimônio espiritual que, por sua vez, ofereceremos aos nossos filhos.

A autodoação total implica sacrifício

O amor conduz à vida; a vida conduz ao sacrifício.

Jesus faz na sua carne o que sempre fez na sua vida divina no seio do Pai: amar com uma autodoação plena. A oferenda que fez ao tomar carne abarcava a sua vida, morte e ressurreição como a máxima expressão da entrega do seu amor por nós. Foi essa entrega que O levou aos céus quando subiu para o Pai (cf. Heb 9, 11-14). E é esse mesmo dom – do seu Corpo, Sangue, Alma e Divindade – que nós recebemos na Eucaristia.

A minha ideia da entrega de Cristo na Cruz é diferente da que tinha quando era protestante. Enquanto crescia, a Semana Santa era um tempo de reflexão acerca da agonia de Cristo na Cruz. Imaginava Deus Pai concentrando sobre Jesus crucificado toda a sua ira provocada pelo pecado. Pensava que o grito de abandono de Jesus era a consequência da ira de Deus acumulada sobre Ele.

Jesus carregou sem dúvida o nosso pecado como perfeito Cordeiro de Deus. Mas agora percebo que, quando foi suspenso da Cruz, em entrega total por nós e em obe-

---

(1) Paráfrase de um relato de Kippley, *Sex*, cit. pág. 33.

A SAGRADA COMUNHÃO E A UNIÃO ÍNTIMA   101

diência de amor ao Pai, nunca foi amado pelo Pai mais do que então. Como segundo Adão, fez o que o primeiro Adão não quis fazer: submeter-se à vontade do Pai, sabendo que isso significaria sofrimento e morte. Agora encarece--nos que O imitemos no nosso amor conjugal, oferecendo a nossa vida um pelo outro.

Quando assistimos à Missa como casados, vemos os nossos sacrifícios à luz da profundidade do amor sacrificial de Cristo, consagramo-nos de novo a Deus e ao nosso cônjuge e saímos da igreja fortalecidos com a graça do sacramento da Eucaristia que nos é dada para vivermos fielmente o sacramento do matrimônio.

O *Catecismo* descreve-o assim:

«Cristo [...] permanece com eles, dá-lhes a força de segui-lO tomando a sua cruz, de levantar-se depois das suas quedas, de se perdoarem mutuamente, de levarem as cargas um do outro, de estarem "submetidos um ao outro no temor de Cristo" (Ef 5, 21) e de se amarem com um amor sobrenatural, delicado e fecundo» (n. 1642).

Nos preparativos para a cerimônia do casamento, há muita alegria, sem dúvida. Depois, chega o dia da celebração, mas, a seguir, vem a realidade da vida de casados. Era por isso que a minha mãe nos aconselhava sabiamente a preparar-nos mais para a nossa vida de casados do que para o dia das bodas. O dia de bodas acaba numas horas, mas temos de estar preparados para toda uma vida de serviço sacrificado pela pessoa amada.

O matrimônio não é, como alguns o chamaram, «a vocação fácil». Nenhuma vocação é fácil. Reparemos no desafio que traz consigo o nosso compromisso: amar o nosso cônjuge na riqueza e na pobreza, na alegria e na tristeza, na saúde e na doença, e isso durante todos os dias da nossa vida. Precisamos da graça do sacramento para podermos cumprir adequadamente promessas desse calibre. Como também para lutar por vencer essas pequenas coisas que nos incomodam mais do que pensávamos: restos de cabelo na pia, a tampa do vaso sanitário levantada, a pasta de dentes não fechada, o cesto de lixo por esvaziar...

Na nossa cultura, as pessoas irritam-se quando se sugere que as mulheres deveriam submeter-se aos maridos; mas ignoram completamente a prescrição, muito mais difícil, que se dá aos maridos:

> «Maridos, amai as vossas mulheres, como Cristo amou a Igreja e se entregou por ela, para santificá-la, purificando-a pela água do batismo com a palavra, a fim de apresentá-la a si mesmo toda gloriosa, sem mácula, sem ruga, sem qualquer outro defeito semelhante, mas santa e irrepreensível. Assim os maridos devem amar as suas esposas, como ao seu próprio corpo. Quem ama a sua mulher, ama-se a si mesmo. Certamente, ninguém jamais aborreceu a sua própria carne; ao contrário, cada qual a alimenta e cuida dela – como Cristo faz com a sua Igreja – porque somos membros de seu corpo» (Ef 5, 25-30).

O marido é chamado a uma tarefa enorme: dar a vida pela esposa, imitando o sacrifício de Cristo pela Igreja, sua esposa. Todos somos chamados a amar como Jesus amou: foi o que Ele disse (cf. Jo 13, 34). Mas unicamente o marido é imagem de Jesus como esposo. E como Jesus amou? Com sacrifício.

Devido à nossa concupiscência, imitar Cristo é dar-se até que *doa*. Não duvidamos de que nos sacrificaríamos se estivéssemos diante de uma situação difícil, de uma ofensa a um amigo ou de um claro ataque à fé. Mas o Senhor pede-nos com frequência que façamos pequenos sacrifícios para mostrar o nosso amor, que pratiquemos renúncias às vezes tão pequenas que o nosso cônjuge nem percebe.

Certa vez, dois seminaristas visitaram-nos num fim de semana. No meio da conversa, apareceu um dos nossos filhinhos com a fralda suja e invadiu-nos o mau cheiro. Rindo, um dos seminaristas raciocinou em voz alta: «Estou certo de que não fui feito para o casamento!» Não pude calar-me: «Não vá escolher uma vocação para evitar as dificuldades de outra».

Estamos unidos a Cristo e portanto fomos crucificados com Ele. A nossa vida tem que refletir esta realidade. Escreve São Paulo: «Vivo eu, mas não sou eu que vivo; é Cristo que vive em mim. E a vida que agora vivo na carne, vivo-a na fé do Filho de Deus, que me amou e se entregou por mim» (Gál 2, 20).

Scott tornou-se católico antes de mim. Depois de se ter convertido ao catolicismo, incomodava-me ver um crucifixo. Ressaltava as nossas diferenças. Então tive de ser internada num hospital por causa de uma infecção grave de rins, após uma dolorosa gravidez extrauterina, que acabou com uma cesariana. Sofria e estava triste.

Era um hospital católico e um dia pus os olhos no crucifixo pendurado na parede do quarto onde estava, olhei-o fixamente e pela primeira vez contemplei os meus padecimentos à luz dos de Cristo. Percebi que os dEle eram maiores do que os que jamais poderiam ser os meus. Ao mesmo tempo, o seu sofrimento fez com que o meu ganhasse sentido. Encontrei sentido para todas as minhas dores, desde que as oferecesse a Deus em união com a entrega de Cristo.

São Paulo, ao refletir sobre os seus sofrimentos, concluía: «Agora alegro-me com os meus padecimentos por vós e completo na minha carne o que falta aos sofrimentos de Cristo em benefício do seu corpo, que é a Igreja» (Col 1, 24). «O que falta aos sofrimentos de Cristo»! Entende-se esta estranha frase?

Como podiam ser insuficientes os sofrimentos de Cristo? Não são insuficientes. Mas nós somos a tal ponto parte do seu Corpo, que Ele nos permite participar da Redenção, se oferecemos o nosso sofrimento unido ao seu.

O parto: um sacrifício

Para mim, a palavra evangélica «dar a vida pelos amigos» (Jo 15, 13) centrou-se no parto de cada um dos meus filhos. Quando entendi a ideia do sofrimento redentor, cada parto significou uma experiência espiritual muito intensa e aproximou-me mais de Cristo.

Com a minha primeira gravidez, aprendemos a esperar, esperar e continuar a esperar. Seguimos todos os conselhos que nos deram para que chegasse a hora do parto (o meu conselho preferido foram as casquinhas de sorvete de dois sabores com cobertura). Mesmo assim, a criança não se mexia; estava feliz demais onde estava.

Passadas duas semanas da data, finalmente entrei nos trabalhos de parto. Transcorreram trinta horas, cinco delas com oxitocina, mas nada aconteceu. Acordaram Scott, que estava dormitando, e deram-lhe a notícia de que me tinham levado à sala de cirurgia. Dei à luz um bebê imenso (4,390 quilos!), bonito e sadio. Estávamos cheios de agradecimento por esse primeiro filho, Michael.

Tive dois médicos. Na manhã seguinte ao parto, o médico mais velho garantiu-me que a cesariana não significava que não pudéssemos ter uma grande família. O mais novo, porém, afirmou-me que nenhum médico que se prezasse me deixaria ter mais de três filhos. Fosse como fosse, eu continuei com a esperança de que, com o filho seguinte, teria um parto vaginal, não por cesariana.

No caso de Gabriel, entrei em trabalhos de parto depois da data prevista, e foi lento, mas seguro. Ante a possibilidade de uma ruptura do útero, não pude tomar medicamentos contra a dor. Passadas vinte e quatro horas, o médico disse que o nascituro era do mesmo tamanho do primeiro e requisitou uma sala de operações para fazer uma cesariana. Fiquei desapontada.

Uma das coisas mais duras do parto foi que me deixaram largada no corredor em frente da sala de cirurgia, como se fosse um pedaço de carne, e não uma mulher que estava a ponto de ter o seu segundo filho. Era uma manhã de sábado, e os auxiliares convocados estavam com cara de poucos amigos. Enquanto me preparavam, não me dirigiram uma só palavra. Simplesmente queixavam-se entre eles. Quando o médico, a meu pedido, disse à enfermeira que me deixasse um braço livre, para que pudesse sentir-me unida ao meu filho acariciando-o, o médico assistente replicou-lhe: «As cesarianas não unem os filhos». Nem sequer me falou, como se eu não fosse uma pessoa, uma mãe; para ele, tratava-se apenas de um procedimento cirúrgico.

Dei à luz um menino maravilhoso, que deixou de berrar no momento em que ouviu a minha voz. Tomei-o nos braços e apertei-lhe o rosto contra o meu, ao mesmo tempo que o chamava pelo nome e lhe mostrava quanto o amava.

Nessa altura, o médico disse-me que se tinha enganado: Gabriel não era tão grande (3,600 quilos), que não pudesse ter nascido por via vaginal, e que talvez fosse o caso de voltar a tentá-lo da próxima vez! Deixou-me frustrada (para não empregar uma palavra mais forte).

Quando engravidei de Hannah, procurei durante quase quatro meses um médico que me desse a oportunidade de ter um parto normal. Duas semanas depois de tê-lo encontrado, estava um dia na igreja quando tive uma hemorragia. Deitei-me num banco, procurando não assustar os nossos filhos com o meu choro, enquanto Scott tentava localizar o médico. Graças a Deus, estava a menos de um minuto: na cripta da igreja (nenhum de nós sabia que ele frequentava essa igreja)!

O caminho para o hospital foi muito difícil. Chegaria lá viva ou morta? Teríamos que enterrar a nossa filha depois de apenas vinte semanas de gestação? As perguntas intercalavam-se com jaculatórias, em que pedia a Deus pela vida da nossa menina. Quando chegamos ao hospital, as enfermeiras não nos deram nenhuma esperança. «Saberemos mais com a ressonância», foi tudo o que nos disseram.

Enquanto falava pelo telefone, entre lágrimas, com os meus pais, os enfermeiros entraram no meu quarto com a máquina portátil de ultrassom. Quando apareceu na tela a imagem, perdi a respiração. Via-se a nossa filhinha... sã e salva! Estávamos radiantes de alegria!

O nosso médico disse que era um caso de placenta prévia: a placenta implanta-se no canal cervical, e não nas paredes do útero. A nossa única opção daí a uns meses era a cesariana, porque o parto normal causaria um desprendimento da placenta e faria com que o feto morresse em dez minutos. Mais uma vez tinha que resignar-me.

Mas agora contava com quase quatro meses para preparar-me para o momento. Várias vezes tive medo ao tornar a sangrar ou notar que o parto se adiantava. Como era preciso evitar o parto natural a todo custo, planejamos a cesariana para três semanas antes da data prevista.

Era a primeira vez que me preparava para dar à luz consciente (anteriormente, a dor fora tanta que tinha perdido a consciência do que se passava à minha volta). Por ser um parto prematuro, havia mais especialistas, enfermeiras pediatras e médicos..., umas doze pessoas ao todo. Mas Scott tinha de esperar no corredor, até que estivesse preparada.

A enfermeira só colocou corretamente a sonda na terceira tentativa, e o anestesista não injetou bem a epidural nas duas primeiras tentativas. A tensão crescia. «Quem é o responsável pela anestesia?», perguntei.

Uma mulher atrás de mim respondeu: «Sou eu, mas estou ensinando a este residente».

«Este é o meu terceiro parto – disse bruscamente –, e já ofereci o meu corpo à ciência o máximo que pude. Faça-o você, porque senão o meu filho não nasce hoje».

Concordou e a epidural correu bem.

Prenderam-me os braços enquanto me raspavam os pelos do ventre e limpavam a área da incisão. Encontrava-me numa fria sala de partos, nua, rodeada de pessoas que não conhecia, a não ser o médico.

Nenhuma delas me falava nem me explicava por que se atrasava a operação (na sala ao lado surpreendera-as o parto de uns gêmeos). E Scott ainda não tinha podido entrar.

Comecei a chorar e, como tinha os braços presos, as lágrimas deslizaram até as orelhas. O interno perguntou-me: «Está chorando de alegria?» Disse-lhe simplesmente que não com a cabeça. Não queria falar com ele!

Por fim, deixaram entrar Scott. Enxugou-me as lágrimas e perguntou se podiam desatar-me um dos braços para que pudesse tocar a criança quando nascesse. Ajudou-me a pensar que a nossa filha, que esperávamos há tanto tempo, estava a ponto de nascer. Agradeceu-me por tudo o que vinha sofrendo para que essa filha pudesse viver. Foi maravilhoso. E dei à luz a nossa preciosa filha.

Tudo o que se passou deu-me uma pequena ideia do sacrifício de Cristo: despojado das suas vestes, estendido em forma de cruz, sentindo-se humilhado, com dor e medo. Eu também estava entregando a minha vida, mas não havia ninguém que zombasse de mim, que me fizesse mal propositadamente, como aconteceu com Jesus.

O parto do meu outro filho, Jeremiah, foi o meu primeiro parto «católico». *Ainda* queria um parto normal. Negociei com Deus: «Oferecer-te-ei cada contração se tiver simplesmente um parto normal». No meu coração ouvi-o dizer: «Dar-te-ei muito sofrimento que oferecer com a tua cesariana». Fim da discussão.

Desde que tomei o clister, ofereci cada dificuldade por uma intenção. Oferecer o sofrimento não é um truque barato para reduzir a dor, e esse oferecimento não significou que a dor tivesse passado. Mas foi uma boa maneira de converter a dor em oração.

Não houve surpresas: tudo correu bem no nascimento. Scott esteve ao meu lado e deu-me a notícia: tínhamos outro filho maravilhoso. Muitas orações tinham sido escutadas.

Depois do parto, experimentei uma dor intensa durante quase uma hora. Tinha recebido por via endovenosa toda a morfina que podia, mas não parecia aliviar o meu sofrimento. Embora não tivesse comido nada, vomitei por causa da dor. Chamei a enfermeira, pedindo desculpas pelo estrago, e pedi-lhe alguma coisa mais para reduzir a dor. Depois de procurar o médico, a mulher voltou com uma grande agulha e disse que isso deveria ajudar-me. Senti-me como uma baleia ferida e prestes a ser arpoada.

Nesse momento, não pensei em Jesus; pensei em Maria. Nem sequer podia pronunciar o seu nome, mas pensei nela continuamente. Oferecia o meu sofrimento para que ela o convertesse numa oração com algum nexo. Ela a levaria a Jesus. Era uma experiência nova.

Na noite anterior ao nascimento de Joseph, fomos a um restaurante e jantamos juntos, toda a família. Estávamos todos de bom humor. O dia seguinte era o «grande dia» (saber a data do parto é a única vantagem da cesariana).

Mais tarde, Scott encontrou-me chorando e perguntou-me o que acontecia. Disse-lhe: «Sinto-me como se estivesse estendida nos trilhos de um trem e não pudesse sair de lá. O trem aproxima-se, estou realmente assustada, e todos à

A SAGRADA COMUNHÃO E A UNIÃO ÍNTIMA 109

minha volta estão contentes porque não pensam no parto, mas no bebê. Só preciso chorar. Ficarei bem». Minha amiga Terri comentou-me mais tarde: «Você estava com Cristo no horto, sofrendo por causa da dura prova que se aproximava». Alguns dos umbrais da dor, só Deus os pode entender.

Depois de uma cesariana normal, Scott disse-me que era outro filho homem. Após o parto, introduziram oxitocina pela sonda para ajudar o útero a contrair-se e a reduzir o sangramento. Acabavam de suturar essa região, de modo que foi muito doloroso.

Nas duas horas e meia seguintes, rezei apenas um mistério do terço... e mais nada. Sussurrava lentamente cada frase o máximo de tempo possível, antes de dizer a seguinte. Aprendi que o que importa não é quantas orações se rezam, mas que se rezem bem.

Antes do parto de David, descobriram que eu tinha hepatite B, e, para segurança da criança, deram-me um antibiótico por meio de uma sonda. Doeu-me como nunca. Desta vez, um lento mistério do terço precedeu o parto.

Apesar de tudo, a cesariana foi a melhor até agora. Antes da cirurgia, as enfermeiras e os anestesistas vieram ver-nos e disseram-nos que estavam entusiasmados conosco. Ouvia-se uma música de fundo, cobriram-me com uns cobertores que me fizeram tremer menos e nunca me desnudaram por completo. O pessoal acompanhava-me continuamente para verificar se tudo corria bem.

E assim nasceu David!

O sofrimento produz alegria

Uma mulher teve uma experiência que espero não ter nunca.

Como um ano antes tinha perdido um bebê, estava cheia

de receio com a gravidez seguinte: daria à luz um filho sadio dessa vez? Já no hospital, o médico verificou que o ritmo do coração do bebê caía com a contração. Só uma cesariana de emergência podia tirá-lo vivo.

Aconteceu que nesse momento não havia nenhum anestesista disponível. O médico falou imediatamente com o marido: «Você tem de confiar em mim. Se não tirarmos agora este bebê, morrerá em menos de dez minutos. Temos de operar a mãe agora». E disse ao atônito marido que se deitasse sobre o peito da esposa para impedi-la de mexer-se, de modo que ele pudesse operar sem anestesia!

Tudo correu bem e tiraram o bebê com vida. Poucos minutos depois, chegou um anestesista e sedou a mulher. Não posso nem imaginar como deve ter sido extremamente difícil marido e mulher darem o seu consentimento e como tudo lhes deve ter sido insuportavelmente doloroso. Mãe e filho sobreviveram.

Não conto estes detalhes sobre o parto para assustar ou desanimar os que querem ter filhos. Nada mais longe de mim. Quero que se saiba que, se Deus conduziu a mim – e a milhões de mulheres – nas horas de perigo, das dificuldades, dos vexames e da morte para mim mesma, que são fatores inerentes ao processo de gerar e dar à luz um filho, pode fazer o mesmo com você.

Humanamente, não quero passar pelo que se passou com essa mulher, mas, pela honra e privilégio de trazer ao mundo outra alma para Cristo, e pela alegria da nossa família, não hesitaria em submeter-me a esse sacrifício.

Não procuramos o sofrimento, mas sabemos que todo sofrimento vale a pena pela alegria que vamos receber, como aconteceu com Cristo, que, pela alegria que ia receber – a nossa salvação –, sofreu a ignomínia da cruz (cf. Heb 12, 2). É como me disse recentemente um amigo: «Se queres seguir Jesus, prepara-te para carregar a cruz».

Dar graças pelo presente

No Antigo Testamento, havia muitos tipos de sacrifício, mas um deles prefigurava em concreto o único sacrifício eterno da Nova Aliança: o sacrifício *todah*. Os rabinos ensinavam que esse era o único sacrifício que persistiria depois da vinda do Messias.

Era um antigo sacrifício judaico de ação de graças por um motivo pessoal. São muitos os salmos *todah*. Seguiam um esquema conhecido. Primeiro, alguém relatava uma grande dificuldade que tivera de enfrentar, geralmente com perigo de vida. Depois, explicava como se dirigira a Deus e Ele o tinha salvo. Concluía com uma ação de graças (veja-se, entre outros, o Salmo 63).

Depois de reunir a família e os amigos, a pessoa mandava levar ao templo um cordeiro para ser sacrificado como oferenda de ação de graças e, enquanto esse sacrifício se realizava, essa pessoa benzia o pão em sua casa com todos os que se tinham reunido (esse pão era o único que os leigos podiam comer) e, por último, oferecia um cálice de vinho em ação de graças a Deus. Não nos soa isto a algo que conhecemos: pão, vinho, ação de graças?

Com efeito, o sacrifício da Missa chama-se «Eucaristia», palavra grega que significa «ação de graças» ou «sacrifício de louvor». Vamos à Missa para oferecer a ação de graças a Deus como nossa oferenda pelo sacrifício de Cristo na Cruz.

Proclamamos juntos as grandes obras que Deus fez para a nossa salvação: o Todo-Poderoso tomou carne humana, ofereceu-a como sacrifício no alto da cruz, elevou-a de novo mediante a Ressurreição e depois subiu ao Pai que está nos céus. No céu, é o nosso Sumo Sacerdote, que oferece a si mesmo em sacrifício perpétuo, de uma vez por todas. Esta é a nossa eucaristia, que se faz presente na Missa: o próprio Jesus![2]

O agradecimento é também uma parte importante na vida dos casados. Por isso o meu pai leu no nosso casamento o trecho da carta de São Paulo aos Colossenses (3, 17) que diz: «E tudo quanto fizerdes, com palavras ou atos, fazei-o em nome do Senhor Jesus, dando graças a Deus por meio dEle». Lembrava-nos que devíamos dar frequentes graças a Deus pelo nosso cônjuge. Nada aquieta mais rapidamente o espírito crítico que concentrar os pensamentos e as orações no nosso cônjuge.

Quando temos que dar graças? Quando tudo corre como desejamos? Não. Temos que dar graças em *todas* as circunstâncias. Por quê? Porque em tudo descobrimos a Vontade de Deus.

Às vezes, dar graças exige um verdadeiro sacrifício. Só quando tivemos o terceiro aborto é que entendi o que o salmista queria dizer quando falava de oferecer um sacrifício de louvor, e por que a Virgem Maria é invocada sob o título de «Nossa Senhora das Dores».

Tínhamos comemorado uns dias antes a boa notícia de que eu esperava um novo filho e tínhamos assistido à Missa com todos os filhos. O nosso coração estava tão repleto de alegria que era fácil louvar a Deus.

Mas perdi o bebê. Contamo-lo às crianças de coração apertado, e depois fomos outra vez à Missa. Lembrei-me do texto da Escritura em que se fala do sacrifício de louvor e rezei assim: «Isto *é* um sacrifício de verdade, mas, Senhor, eu Te louvarei! Só quero que saibas que sempre trarei no coração esta pena de não ter podido ter os meus três filhos entre os meus braços nesta vida».

---

(2) Cf. *Catecismo da Igreja Católica*, n. 1409.

O Senhor falou-me ao coração: «E tu achas que a minha Mãe vencerá alguma vez a dor de ver-me ferido e zombado, e de tomar depois nos seus braços o corpo sem vida que me deu? Entendes por que Ela é "Nossa Senhora das Dores"?»

Então compreendi. Nossa Senhora das Dores converteu-se num consolo para mim. E soube que podia estar alegre no meio do sofrimento, sinceramente agradecida, ao mesmo tempo em que experimentava uma dolorosa agonia.

Possível pelo poder do Espírito Santo

O Espírito Santo cobriu Maria com a sua sombra para que concebesse Jesus (cf. Lc 1, 35). Quando Ela disse: «Eis a escrava do Senhor; faça-se em mim segundo a tua palavra» (Lc 1, 38), o que dizia realmente a Jesus era: «Este é o meu corpo, este é o meu sangue, que se entregam por ti».

O «sim» de Maria constituiu a sua própria entrega. Significou mais do que dar a Jesus um lugar para viver nela: deu-Lhe a natureza humana. A sua entrega tornou possível a entrega de Cristo: Deus-Homem só podia redimir-nos sendo completamente divino e completamente humano.

Na Missa, o Espírito Santo cobre com a sua sombra (na epiclese) a nossa oferenda do pão e do vinho e transubstancia os nossos dons no Corpo e Sangue de Cristo. Depois, une-nos a Cristo quando O recebemos na Eucaristia. E por fim dá-nos forças, precisamente mediante a Eucaristia, para imitarmos Cristo entregando-nos nós mesmos, no nosso caso através do matrimônio.

Esta entrega no matrimônio é mais radical quando se concebe uma nova vida. O que uma mulher faz ao dar à luz um filho é, à imitação de Cristo, dar a sua vida pelo amigo. Quando estou deitada na mesa de operações, penso: «Filho: este é o meu corpo que ofereço por ti; este é o meu sangue que será derramado por ti».

É o Espírito Santo quem, pela entrega de Cristo na cruz e na Eucaristia, nos ajuda a ter essa perspectiva diante das provas aflitivas.

A entrega pessoal é fecunda

A Eucaristia é Jesus, fonte de vida sacramental. O *Catecismo* afirma (n. 1392) que «a comunhão com a Carne de Cristo ressuscitado, "vivificada pelo Espírito Santo e vivificante", conserva, aumenta e renova a vida da graça recebida no Batismo». Quando recebemos Jesus, parecemo-nos mais com Ele. Ama-nos como somos, mas ama-nos a tal ponto que não nos deixa ficar como somos. Levamos conosco a fecundidade da sua vida divina, sempre que permaneçamos nEle, como ensina São João (cf. Jo 15).

É de preceito participar da Missa aos domingos e dias santos, mas não é difícil participarmos dela diariamente. Se o fizermos, convertemo-nos em canais da graça para os outros, especialmente para o nosso cônjuge e filhos. E a nossa entrega torna-se fecunda. Somos chamados a imitar Deus, que é fonte de vida. É nisto que consiste a sexualidade responsável:

«Em particular, a paternidade e a maternidade referem-se diretamente ao momento em que o homem e a mulher, unindo-se "numa só carne", podem converter-se em pais [...]. Ambos podem converter-se em procriadores, comunicando a vida a um novo ser humano [...]. É uma responsabilidade que cabe ao homem e à mulher, mas sobretudo ao homem, que, embora seja também artífice do início do processo de gestação, está biologicamente longe do mesmo,

A SAGRADA COMUNHÃO E A UNIÃO ÍNTIMA   115

já que se desenvolve na mulher. Como poderia o homem não perceber isso?»[3]

Mediante o nosso amor e generosidade, serão criadas almas que de outro modo não existiriam. As almas dos filhos ainda por conceber não estão no Céu à espera de um corpo. A Igreja ensina que Deus cria uma alma no momento em que nos dá a possibilidade de criar um corpo[4].

A Igreja falou claramente: os nossos corpos são templos do Espírito Santo. Como podemos introduzir no corpo alguma coisa que impeça que a nossa sexualidade deixe de ser sagrada e possivelmente mate os nossos filhos? Isso pode ser ideia de Deus? Um casal decide que o que é bom é a infertilidade, e que o que é mau é a gravidez. Onde fica Deus nessa decisão?

Além disso, devemos pensar nos efeitos colaterais que a mentalidade contraceptiva produz nos filhos. O Dr. Bob McDonald, que tratava uns meninos em luta com a depressão e a tristeza, conta-nos quais eram as preocupações que lhe manifestavam: «Os meus pais não gostam de ter filhos»; «Dou graças» por estar vivo; que sorte a minha por ter sido concebido no momento conveniente!»; «Os luxos têm preferência sobre os filhos; as joias são mais importantes»; «Eu devia ter outros irmãos e irmãs. Onde estão? Deveriam estar aqui»[5].

Com a decisão dos pais de não estarem abertos à vida, compromete-se toda a linha de descendência. Não são apenas uns filhos que deixarão de ver a luz do dia, e sim toda uma cadeia de gerações.

---

(3) João Paulo II, *Carta às famílias*, n. 12.

(4) Cf. *Catecismo da Igreja Católica*, n. 366.

(5) Bob McDonald, *The Two Shall Be One: What Contraception Does to Marriage*, Conferência em Chicago, 1999.

Mas o Senhor pode voltar a motivar-nos. Se reconhecermos que, com a contracepção, cometemos um pecado grave, teremos de procurar um sacerdote na Confissão e pedir-lhe que nos ajude a arrepender-nos de verdade. Deus pode desfazer o mal e devolver-nos a paz espiritual. Esta é a grandeza da graça!

Preparar-nos adequadamente para receber a Eucaristia

Certa vez, os membros de uma família trocavam impressões sobre a Missa a que acabavam de assistir. A mãe não podia acreditar que houvesse outro coro de tão má qualidade. O pai pensava que a homilia fora comprida e que o sacerdote se perdera por atalhos que não vinham ao caso. O filho disse que os coroinhas não tinham os movimentos coordenados. Então a filha caçula disse: «Não é um mau espetáculo por um dólar».

Podemos rir com esses comentários, mas a verdade é que muitas pessoas vão à Missa como se se tratasse de assistir a um espetáculo. Quando vamos à Missa, deixamos à porta o espírito crítico. Viemos receber o Senhor e ser recebidos por Ele.

Como o meu pai é pastor protestante, perguntei-lhe um dia se não o deixava fora de si ouvir um péssimo sermão quando ia a outras igrejas. Respondeu-me: «Não. Simplesmente pergunto a Jesus: "Que reservas hoje para mim?" Sempre há alguma coisa que Ele quer que eu aprenda». Quando a homilia não me agrada ou o canto me distrai, lembro-me dessa resposta do meu pai. Podemos oferecer o sofrimento que nos causa ver que há pessoas que não participam, ou se retiram antes, ou se queixam. Uma coisa é certa: que a Missa nunca está *morta*, porque Jesus está ali.

A SAGRADA COMUNHÃO E A UNIÃO ÍNTIMA   117

Devemos fazer o propósito de confessar-nos com frequência para estarmos preparados para receber dignamente a comunhão. É como passar pelo chuveiro antes da entrega conjugal. Mas essa preparação vai mais longe, porque afeta a nossa conduta na vida diária. Devemos tratar o esposo com humildade e deixar de lado as críticas. Isto significa falar e agir com todo o respeito pelo nosso cônjuge. Significa reparar nos seus pontos fortes, e não nos fracos. Numa palavra, significa proclamar com atos o que São Paulo descrevia como características do amor: «O amor tudo desculpa, tudo crê, tudo espera, tudo suporta» (1 Cor 13, 7).

Significa também perdoar e pedir perdão. As duas palavras mais difíceis de pronunciar são: «Sinto muito», e as três mais difíceis são: «Sinto muito, querida». O arrependimento e o perdão nunca são fáceis, mas são essenciais na vida de casados.

A espontaneidade no ato conjugal não é tão importante como se diz. Devemos perguntar-nos como foi o nosso amor mútuo ao longo do dia. Tivemos um tempo a que eu chamo «conversa prévia»: sobre o dia, os filhos, os planos imediatos? Ou um «trabalho prévio»: ajudar o outro nas tarefas caseiras, ter em ordem a garagem, cortar a grama, lavar o carro? É então que estamos preparados para dar e receber o ato conjugal. E isso está na linha da preparação necessária para participarmos com fruto da Missa e recebermos a Eucaristia.

A Missa dá-nos uma oportunidade de centrar o dia em dar graças, em vez de nos queixarmos; de rezar pelos nossos problemas, em vez de murmurar; de ver os outros ou as situações que nos rodeiam à luz da graça e do amor que Deus nos tem. Numa palavra, dá-nos uma perspectiva divina, que incluirá a nossa vida conjugal. Quanto mais perto estivermos de Deus, mais perto estaremos um do outro. Desenhemos um triângulo com os esposos na base e Deus no vértice, e veremos que, quanto mais perto estivermos de Deus, menor será a distância que há entre nós.

Quando Scott quis introduzir a Comunhão semanal na nossa igreja presbiteriana, um ancião perguntou-lhe se, com essa frequência, a Comunhão não perderia sentido e se tornaria rotineira. Scott respondeu que a Comunhão podia comparar-se ao ato matrimonial: que marido acabaria por amar menos a sua esposa se rareasse a frequência do ato conjugal?

A chave é esta: a repetição não torna aborrecida a Comunhão, porque se recebe uma Pessoa. Quando um dos meus filhos me pergunta por que a Missa é tão comprida, respondo-lhe com um ponto do livro *Caminho*: «Porque o nosso amor é curto»[6].

«Lembra-te do teu primeiro amor»

Referindo-se aos casais que se abstêm de manter relações sexuais, São Paulo adverte: «Não vos recuseis um ao outro, a não ser de comum acordo, por algum tempo, para vos dedicardes à oração; e depois retornai um ao outro como antes, para que Satanás não vos tente pela vossa incontinência» (1 Cor 7, 5). O ato conjugal é, entre outras coisas, remédio para a tentação de satisfazer o impulso sexual à margem da vida matrimonial.

Às vezes, nós, as mães, sentimo-nos absolutamente exaustas, especialmente se demos à luz há pouco tempo. Haverá casos em que teremos de pedir ao nosso esposo que nos compreenda. Outras vezes, teremos de preparar-nos para es-

---

(6) Cf. Josemaria Escrivá, *Caminho*, 11ª ed., Quadrante, São Paulo, 2016, n. 529.

A SAGRADA COMUNHÃO E A UNIÃO ÍNTIMA 119

quecer o nosso cansaço e dar-nos fisicamente. Se se tratasse de estarmos disponíveis para o ato conjugal só quando nos sentimos completamente descansadas, poderiam passar meses antes de nos acharmos em condições!

A comunicação é a chave para a harmonia neste aspecto vital, especialmente quando chega o primeiro filho. A vida muda por completo. O marido tem de compartilhar com o novo ser a atenção ou o tempo da esposa; a mulher, por sua vez, tem que dar-se ao filho durante o dia todo e parte da noite, coisa que nunca fizera antes. Além disso, ambos têm de enfrentar o descontrole hormonal dela e muitas experiências novas (como um bebê com cólica, a recuperação após uma cesariana ou a ameaça de uma infecção de peito).

Mas não esqueçamos que marido e mulher constituem a primeira relação familiar. É necessário que a mulher não mostre mais amor aos filhos do que ao esposo, embora lhes dedique mais tempo e energias. Uma mãe pode receber ao longo do dia tantos abraços e beijos dos filhos que não experimente como antes a mesma necessidade do afeto físico do marido. No entanto, amará mais os seus filhos quando o marido ocupar o primeiro lugar.

Quando o médico me diagnosticou placenta prévia na gravidez de Hannah, observou-me que havia um grande risco de voltar a sofrer uma hemorragia e disse-me que devíamos abster-nos de ter relações desde aquele momento até passados seis meses depois do parto.

Como fazer? Se já estávamos casados, como podíamos comportar-nos como quando éramos noivos? Graças a Deus, tínhamos praticado a virtude da continência antes do casamento e também depois, mediante o planejamento familiar natural.

Fomos encontrando modos de manifestar o nosso amor

mútuo. Scott ajudou-me massageando-me as pernas para reduzir as varizes e fazendo o mesmo com as minhas costas para suavizar as dores causadas pelo tempo que ficava deitada na cama; e passeávamos quando podíamos. Deus foi generoso conosco. Conseguimos abster-nos graças à maior proximidade entre nós, ao amor crescente que sentíamos um pelo outro, e a essa filha que tínhamos nos braços.

Uma mulher escandalizou-se quando lhe disse que São Paulo adverte que Satanás pode destruir um casal quando um dos esposos se nega a ter relações. Disse-me que uma relação de intimidade uma vez por mês tinha de ser suficiente para o seu marido. Perguntei-lhe: «Perguntou-o a ele?» Ruborizou-se. A questão é que não nos casamos para nos rejeitarmos um ao outro.

Quando Scott se converteu ao catolicismo e eu não queria ser católica, passamos uma época muito conflitiva. No meio da nossa desunião, precisávamos exprimir tangivelmente a nossa unidade, e concordamos em praticar o ato conjugal regularmente. Isso levou-nos a superar as dificuldades no relacionamento para podermos exprimir verdadeira e fisicamente o nosso amor. Melhoramos a amabilidade e o respeito nas conversas, embora fossem patentes as nossas diferenças. Deus serviu-se do ato conjugal, aberto à vida, para nos guiar ao longo de um conflito que podia ter acabado mal.

Como pudemos estar tão disponíveis um para o outro no meio de tal confusão e conflito? Aqui vão os pontos que nos serviram de apoio:

– Primeiro: estávamos casados.

– Segundo: o ato conjugal era uma renovação da aliança.

– Terceiro: sabíamos que o ato conjugal tem de estar aberto à vida.

A SAGRADA COMUNHÃO E A UNIÃO ÍNTIMA 121

Agimos segundo esses poucos princípios cristãos em que estávamos de acordo, e assim pudemos superar a crise[7].

No Apocalipse, Jesus dirigiu-se à Igreja de Éfeso. Essa Igreja particular tivera uns começos muito ricos, pois contara com São João e a Virgem Maria e tivera como pastores São Paulo e Timóteo. Mas depois decaíra:

> «Conheço as tuas obras, a tua fadiga e a tua constância, sei que não podes suportar os malvados e que puseste à prova os que se dizem apóstolos e não o são [...]. Mas tenho contra ti que deixaste arrefecer o teu primeiro amor» (Apoc 2, 2-5).

Tinham feito muitas boas obras, mas não era suficiente; tinham esquecido o seu primeiro amor. Jesus tem de ocupar o primeiro lugar.

Do mesmo modo, temos de recordar o nosso primeiro amor no matrimônio. Salomão escreveu uma belíssima descrição de como um marido deve ver a sua mulher, seja qual for o tempo que tenha decorrido desde que estão casados:

> «Bebe a água do teu poço [da tua mulher legítima] e das correntes da tua cisterna. Irão derramar-se as tuas fontes por fora e os teus arroios pelas ruas? Sejam eles só para ti, sem compartilhá-los com estranhos. Seja bendita a tua fonte! Regozija-te com a mulher da tua juventude, embriaga-te sempre com os seus encantos, gazela graciosa. Que os seus peitos te inebriem sem cessar, que o seu amor te fascine sempre» (Prov 5, 15-19).

---

(7) Tenho de fazer uma advertência: devemos ponderar com sensibilidade e respeito a obrigação conjugal de nos darmos fisicamente um ao outro. Não podemos abster-nos para frustrar ou prejudicar o nosso cônjuge; nem somos ninguém para forçar o outro a ter relações. A Encíclica *Humanae vitae* ressalta: «Um ato conjugal imposto ao cônjuge sem considerar a sua condição atual e os seus legítimos desejos não é um verdadeiro ato de amor, e portanto prescinde de uma exigência da reta ordem moral nas relações entre os esposos» (n. 13).

Devemos amar Jesus e, nEle, o nosso esposo ou esposa com a exclusividade dos começos. Temos de ir *juntos* a Jesus, aprofundando «na vida de fé comum e na Eucaristia recebida em comum»[8].

Espero que a meditação destes paralelismos entre a Eucaristia e o matrimônio intensifique o nosso amor por Jesus e pelo nosso cônjuge. Que a participação num sacramento enriqueça a participação no outro.

---

(8) *Catecismo da Igreja Católica*, n. 1644.

PARTE III

Como viver um plano tão belo? O abraço do corpo de Cristo

Abraçar a verdade

A misericórdia de Deus

Há uma passagem da Escritura que constituiu para mim um desafio ao meu matrimônio, especialmente durante os períodos de gravidez. Procede de São Paulo:

«Eu vos exorto, pois, irmãos, pelas misericórdias de Deus, a oferecerdes os vossos corpos em sacrifício vivo, santo, agradável a Deus: este é o vosso culto espiritual. Não vos conformeis com este mundo, mas transformai-vos pela renovação do vosso espírito, para que possais discernir qual é a vontade de Deus, o que é bom, o que lhe agrada e o que é perfeito» (Rom 12, 1-2).

Por que estes versículos têm tanto significado para mim? Em primeiro lugar, porque São Paulo nos dirige essa exortação «pelas misericórdias de Deus». Não basta que nos inspiremos em livros e Encíclicas. Não é suficiente que nos apoiemos em homilias comoventes ou discursos, ou mesmo em pessoas santas que vivem de acordo com o belíssimo plano de Deus para a vida conjugal. O único motivo que pode proporcionar-nos um pouco de forças para procurarmos viver o amor conjugal em fidelidade a Cristo não reside na tentação de fazê-lo pelas nossas próprias forças.

Não temos em nós os recursos para amar o nosso esposo ou esposa e os nossos filhos como devemos. Mas a boa notícia é que Deus não nos pede que façamos nada com as nossas próprias forças. É Ele que tem toda a fortaleza de que precisamos. É Ele que, pela sua misericórdia, nos dá a capacidade de vivermos o autêntico amor matrimonial. Como o faz?

Antes de mais nada, pelos sacramentos: a Confissão frequente, a Comunhão assídua.

Em segundo lugar, pelas graças atuais que nos concede nos momentos difíceis e nos sofrimentos.

O nosso corpo é uma oferenda viva

Fazendo-nos «uma oferenda viva», como diz São Paulo, não nos limitamos a dar a Deus o nosso coração, mas o «sacrifício vivo» do nosso corpo. Eu pensava que esse sacrifício significava saltar da cama quinze minutos antes para rezar. É verdade, mas o tipo de sacrifício a que São Paulo nos chama pede muito mais.

Entre outras coisas, pede-nos, às mulheres casadas, que sejamos um sacrifício vivo por meio da gravidez, do parto e do cuidado dos filhos. O nosso «sim» é a parte voluntária, um ato bom da nossa vontade. Mas quase imediatamente após a concepção, começam todas as oportunidades involuntárias de sacrificar-nos.

Deus, na sua misericórdia, não nos dá a conhecer antecipadamente tudo o que vai significar esse nosso «sim». Maria não soube tudo o que ia significar o seu «sim». Nós também não temos que saber de antemão o que significará o nosso «sim».

Quando fiquei grávida da primeira vez, pensei muito no bebê, mas não nas contrariedades. Não contava com os acessos de vômito que ia ter, com as cãibras nas pernas, com as mil voltas que daria na cama brigando com cinco almofadas para ter a barriga bem posicionada e poder dormir. E, no entanto, essas e muitas outras contrariedades faziam parte dos sacrifícios passivos que se incluem no «sim». Eram parte do convite que Deus me dirigia para fazer crescer a minha dependência dEle e a minha interdependência com Scott.

Tive de aceitar o aumento de peso e depois o trabalho de perdê-lo. Dormi pouco por problemas de bexiga, que me obrigavam a levantar-me no meio da noite para ir ao banheiro, tive hematomas por passar depressa pelas portas sem me lembrar de que a minha barriga estava em processo de crescimento (esquecia-me de que, a partir do sétimo mês, as dimensões do meu corpo eram menores de frente que de lado).

Hoje, o meu corpo é um mapa de estradas vivo, cheio de sinais para ajudar a mim e às demais mulheres casadas a percorrer o caminho de sacrifícios que por vezes temos de fazer para ter os nossos bebês. Até agora tive de submeter-me a sete cesarianas (seis por partos e uma por gravidez extrauterina) e quatro curetagens (para parar a hemorragia depois dos partos ou abortos naturais). Cortaram-me de cima a baixo e de lado a lado (as cicatrizes agora parecem uma âncora!). Scott diz que são feridas sofridas por Cristo, de modo que provavelmente as conservarei no meu corpo glorioso!

O número de cesarianas não me impossibilitou de ter mais bebês, porque o médico é capaz de abrir um tecido cicatrizado (o recorde de cesarianas está em catorze, no Texas!). No entanto, o tecido está cheio de cicatrizes por dentro, de modo que é pouco provável que os meus futuros filhos encontrem algum espaço são para implantar-se. Certamente terei algum outro aborto involuntário.

Os sofrimentos físicos não acabam com o parto. A lactância, apesar de ser tão maravilhosa, traz os seus problemas: peitos inchados (agora sei por que as vacas vão espontaneamente ao local onde serão ordenhadas no fim do dia); gotejo, especialmente em público (as fraldas de algodão para os homens valem o seu peso em ouro); e tenho de estar disponível nas 24 horas do dia para amamentar o filho.

Não conto nada disto – já o disse antes – para desanimar ninguém. O que quero é mostrar como, através do ato conjugal, nos dispomos a ser um sacrifício vivo.

Sabem qual é o problema dos sacrifícios vivos? Que nos afastamos pouco a pouco do altar! Se estivéssemos mortos, jazeríamos bem ao lado dele. Mas, na nossa debilidade humana, oscilamos entre querer de verdade completamente a Deus e tomar as rédeas da nossa vida para dirigi-la ao nosso modo. E quando procuramos enfrentar as situações à força de punhos, normalmente ficamos exaustos. Então o nosso Pai amoroso tem de buscar-nos e pôr-nos de novo junto do altar para que possamos, pela sua misericórdia, ser os sacrifícios vivos que Ele quer que sejamos.

Mudar a forma de pensar: formar a consciência

Como podemos superar essa dicotomia? O *Catecismo* diz: «Na formação da consciência, a luz da nossa caminhada é a Palavra de Deus; é preciso que a assimilemos na fé e na oração, e a ponhamos em prática» (n. 1785). E um pouco antes: «A educação da consciência é indispensável a seres humanos submetidos a influências negativas e tentados pelo pecado a preferir o juízo próprio e a rejeitar os ensinamentos autorizados» (n. 1783).

Formar a consciência significa submeter a inteligência e a vontade às verdades da Igreja e da Sagrada Escritura. Se não o fazemos, o altruísmo pode degenerar em amargura e desespero. Mas quando o fazemos, a generosidade pode gerar fecundidade física e espiritual, e esperança.

Um exemplo prático: antes de ter o quarto parto, uma enfermeira aconselhou-me: «A senhora devia ligar as trompas, aproveitando que o médico vai abri-la». Respondi rapidamente: «Não me toquem nas trompas! Deixar-me-ia feliz voltar aqui e ter outro filho, embora tivesse de submeter-me a outra cesariana».

Pela misericórdia de Deus, o meu coração estava treinado para seguir a verdade.

Mais adiante, já de volta ao quarto depois do parto, pensei: «Meu Deus, como me podes dar sempre a graça suficiente para continuar a ser forte? Deste-me este filho maravilhoso, Jeremiah, que tem uma alma que existirá eternamente. Obrigado por o teres feito por meio do meu corpo. Obrigado por esta expressão do amor do meu marido por mim e do meu por ele. Obrigado pelos que rezaram por mim para que aceitasse este sofrimento, que ofereci em união com o sacrifício de Cristo na cruz».

Depois de voltar do hospital para casa, a nossa filha disse-me: «Estou contente, mamãe, mas quero ter uma irmãzinha». Tremi. O meu corpo estremeceu ante a ideia de mais um parto, já que não havia outra forma de dar-lhe uma irmã e ninguém me podia garantir que o seguinte fosse uma menina (efetivamente, o seguinte *foi* um menino e o *seguinte* também). A minha reação mostrou-me que o meu coração tinha de continuar a renovar o meu modo de pensar.

Ia repetindo a verdade e pedia ajuda a Deus para pensar como Ele. E de repente, em duas semanas – em apenas duas semanas! –, já pensava com alegria em ter outro filho.

É preciso renovar não só o que pensa a mulher, mas também o que pensa o marido. Estarei sempre agradecida ao ponto de vista do meu marido. O meu corpo sofreu muitas mudanças, mas Scott continua a dizer que sou uma mulher elegante e bela.

Não é preciso que tenhamos a aparência que as pessoas dizem que devemos ter. O que temos de fazer é conformar a maneira de pensar sobre nós mesmos com a verdade.

O mundo e Deus

Como adverte João Paulo II, o mundo dá à fraqueza humana «uma certa "aparência" de respeitabilidade com a ajuda da sedução e a aprovação da opinião pública»[1].

O *mundo* diz-me: «Você em primeiro lugar. Você é o número um. Tudo gira em torno de você».

Mas *Deus* diz-me: «Você tem de pôr-me em primeiro lugar, os outros em segundo, e você em terceiro».

O *mundo* diz-me: «O que será melhor para você, para a sua economia, a sua carreira, o seu grau de instrução?»

Deus pergunta-me: «O que a aproximará mais de mim?»

O *mundo* diz-me: «Os filhos são um fardo econômico. Você tem de avaliar as vantagens e as desvantagens de ter um filho antes de concebê-lo. Os filhos interferem na sua carreira profissional, estragam o seu corpo e acabam com os seus neurônios com o trabalho de cuidar deles».

Deus diz-me: «Os filhos são o dom supremo do matrimônio, porque manifestam o poder do amor de gerar vidas».

O *mundo* aconselha-me: «Se você teve um aborto natural, não tem por que passar por isso novamente. Não se arrisque à dor; evite-a a todo custo. Não se arrisque a uma nova perda. Seria um disparate».

O *Senhor* declara: «Eu redimo tudo; posso redimir o sofrimento do aborto. Posso redimir a dor e o sofrimento da

---

(1) *Carta às famílias*, n. 14.

gravidez e do parto. Tudo na vida – sejam alegrias ou sofrimentos –, oferecido a mim, tem um sentido, embora nesta vida talvez você não saiba qual é. A minha dor dá sentido à sua dor».

O *mundo* proclama: «Não perca a sua identidade. Controle a sua vida. Você não precisa dos homens. Ou, se quer um homem, vá e case-se, mas arrumem dois salários e não tenham filhos. Se você quer um ou dois filhos (um menino para ele e uma menina para você) para constituir a típica família, muito bem, mas cuide de esterilizar-se depois, para poder controlar o seu futuro».

Mas *Deus* afirma: «Você tem de admitir que não tem o controle de nada, mas o bom é que sou Eu quem controla tudo; você não conhece o futuro, mas Eu sim. Pode confiar em mim».

O *mundo* diz-me: «A Igreja Católica pede demasiado quando lhe diz que atue contra a sua consciência. Mete-se no seu quarto de dormir e reclama direitos. Você tem de ser fiel a si mesmo. Afinal de contas, o padre Fulaninho diz que você continua a ser um bom católico».

E *Deus* diz-me: «Não se trata de você estar de acordo com a Igreja, mas de obedecer ou não a Mim, que falo através da minha Igreja».

Os médicos do corpo

Aos médicos, foi-lhes confiado um trabalho sagrado: curar e não causar um mal aos seus pacientes. Pelo bem deles, têm de acolher de braços abertos a coerente doutrina da Igreja. A *Humanae vitae* (n. 7) contém esta exortação:

«Temos em alta estima os médicos e os membros das equipes de saúde que, no exercício da sua profissão, sentem até o mais íntimo as superiores exigências da sua vocação cristã, para além de qualquer interesse humano. Perseverem, pois, em promover constantemente as soluções inspiradas na fé e na reta razão, e esforcem-se por fomentar a convicção e o respeito por essas soluções no seu ambiente».

Os pacientes que compreendem a doutrina da Igreja podem animar os médicos a refletir estas verdades no seu trabalho. Há casos em que até um simples pedido de conselho pode ser uma ocasião para eles se firmarem na decisão de dar a opinião acertada.

Quando uma jovem de uns vinte e cinco anos, ainda virgem, foi consultar o Dr. John Hartman, a resposta que recebeu foi uma surpresa para ambos:

«Perguntou-me qual dos métodos de planejamento familiar eu achava melhor, não só em termos de eficácia, mas também para a vida conjugal. Após uma pausa, respondi-lhe que era o planejamento familiar natural. Expus-lhe as razões e a jovem retirou-se agradecida.

«Para mim, esse incidente – embora eu estivesse seguro de que ela não teve consciência do efeito que causara em mim – foi como um ponto de inflexão na minha conversão para o planejamento familiar natural... Daí em diante, essa resposta saída da minha boca fortaleceu-me tanto como a minha recusa em participar de abortos na faculdade de medicina.

«Cada passo que fui dando nesse sentido ao longo da minha carreira requereu-me valentia, mas também converteu-se numa fonte de alegria para mim, porque reparei na felicidade que sentia por dizer a verdade, sem disfarces, sem ambiguidades, sem concessões»[2].

---

(2) John Hartman, M.D., «The Stone Which the Builders Rejected», em Hartman, *Phisicians Healed*, cit., págs. 5 e segs.

ABRAÇAR A VERDADE   133

Os médicos e as enfermeiras católicos têm de ser plenamente católicos, apesar de terem de enfrentar muitas vezes a oposição de colegas igualmente católicos. Uma mulher descreve a luta do seu marido:

«O meu marido é membro de um grupo de ginecologistas que professam ser católicos e se dizem defensores da vida, mas é o único dos cinco membros que se opõe a prescrever pílulas para o controle da natalidade. É perseguido frequentemente de forma sutil, e não tão sutil.

«Tem muitas histórias que contar sobre mulheres que o ajudaram a manter-se firme por terem demonstrado fé e abertura à vida, mesmo pondo em risco a própria vida, enquanto ele as apoiava rezando com e por elas».

Devemos pensar o melhor do nosso médico, ainda que receite anticoncepcionais, e vê-lo como mais um amigo a quem ganhar para a verdade, e não como um inimigo a quem derrotar. O meu ginecologista atribui a sua mudança de mentalidade às mulheres que atende e que se preocuparam por ele a ponto de informá-lo sobre a verdade e rezarem por ele.

Há pouco recebi dele estas linhas: «A nossa existência, a nossa vinda ao mundo, deveu-se ao amor generoso das mulheres. A abertura à vida com um amor que gera vida determinará o futuro da humanidade».

Os médicos da alma: os sacerdotes

Numa cerimónia católica de casamento, o sacerdote pergunta sempre pelo livre consentimento do casal a respeito dos filhos: «Estais dispostos a receber com amor os filhos que Deus vos confiar, educando-os na lei de Cristo e da Igre-

134 KIMBERLY HAHN

ja?» Mas há cursos de preparação para o casamento e párocos que apoiam pouco a doutrina da Igreja sobre a abertura para a vida.

Uma das minhas amigas teve o quarto filho em cinco anos. Na cerimônia do batismo, diante de toda a família e amigos, o sacerdote disse aos esposos: «Não é necessário que tenham de fazer isto todos os anos». Não o disse em tom de brincadeira e o casal não soube o que responder.

É uma atitude insustentável. Como já dissemos, a Encíclica pontifícia *Casti connubii*, de 1930, foi escrita para abordar uma série de dúvidas levantadas pela posição da Igreja Anglicana de admitir o uso de alguns anticoncepcionais por razões sérias. O documento declarava:

«Nenhum motivo, por gravíssimo que seja, pode fazer que seja honesto e conforme com a natureza o que vai intrinsecamente contra ela; e como, pela sua própria natureza, o ato conjugal se destina à geração de filhos, aqueles que ao praticá-lo o despojam deliberadamente da sua natureza e virtude, agem contra a natureza e cometem uma ação torpe e intrinsecamente desonesta»[3].

Não há neste assunto nenhuma ambiguidade nem campo para opiniões.

Às vezes, um sacerdote preocupa-se de não ofender as pessoas casadas por ele não ser casado. É aqui que, à luz da sua paternidade espiritual, o sacerdote deve cuidar de ser o pai do seu povo, mais do que seu amigo. Qualquer bom pai vê que certo remédio é veneno para os seus filhos e recolhe -o. Qualquer bom sacerdote tem de reconhecer a contracepção como veneno, e insistir com os seus filhos espirituais em que não enveredem por esse caminho. Tal como um pai

---

(3) Enc. *Casti connubii*, 3-2-1930, n. 20.

ABRAÇAR A VERDADE   135

tem que educar os filhos sem levar em conta se eles gostam ou não dos conselhos que lhes dá, assim o sacerdote deve ensinar a verdade sem levar em conta se é ou não do agrado dos seus paroquianos.

Há pessoas que não entendem o papel do sacerdote como pai espiritual, impelido por Cristo a não deixar de dizer a verdade ao seu povo. Acham que o sacerdote não deveria falar sobre um tema que não o afeta pessoalmente. É claro que a fidelidade no amor conjugal *afeta* o sacerdote, porque a nossa santidade de vida ou os nossos pecados afetam todo o corpo de Cristo.

Precisamos de sacerdotes que digam a verdade com amor, que a digam com tino, mas a fundo. Eis o testemunho de um casal:

«Vivíamos na Tchecoslováquia comunista, onde não se podia divulgar livremente a doutrina da Igreja como nos Estados Unidos (as famílias numerosas tinham passado para a história). Depois de escaparmos para a Alemanha Ocidental, pude ler a Bíblia pela primeira vez. Isso preparou-me para aceitar muitas mudanças na minha vida e na do meu marido, embora o preço tenha sido alto. Não tínhamos por perto um sacerdote que falasse eslovaco e nos pudesse orientar ou explicar certos versículos da Bíblia que não entendíamos bem. Por fim, acabamos por conseguir marcar um encontro com um que vivia longe e fomos vê-lo carregados de perguntas.

«Falou-nos do ensinamento da Igreja sobre a abertura à vida. Ouvir-lhe isso foi um duro golpe, porque estávamos a dois meses de mudar-nos para os Estados Unidos, e lá não conhecíamos ninguém. Viajaríamos sem trabalho, nem carro, nem casa; não falávamos inglês. E o sacerdote disse--nos que não podíamos usar anticoncepcionais! Nesse momento, era evidente que só havia duas saídas, e tínhamos de escolher uma. Isso contribuiu para reavaliarmos o valor da nossa vida».

É um casal que está profundamente agradecido a esse sacerdote da Alemanha Ocidental, porque não lhes escondeu a verdade sobre a abertura à vida, apesar de saber que lhes ia criar grandes dificuldades.

Rejeitar a mentira do aborto, da esterilização e da contracepção

O primeiro método de controle da natalidade condenado pela *Humanae vitae* é o aborto:

«Em conformidade com estes pontos essenciais da visão humana e cristã do matrimônio, devemos, uma vez mais, declarar que é absolutamente de excluir, como via legítima para a regulação dos nascimentos, a interrupção direta do processo de gestação já iniciado, e, sobretudo, o aborto querido diretamente e procurado, mesmo que por razões terapêuticas»[4].

É uma opção trágica e errada que atualmente fazem não só mulheres solteiras, mas também mulheres casadas. Uma de cada cinco mulheres que provocou o aborto este ano nos Estados Unidos é uma mulher casada[5].

É frequente que os casais não sobrevivam à agressão e crime que cometem contra o fruto do seu amor: «Um aborto = duas vítimas. Uma delas morta, a outra ferida pela tristeza e depressão».

---

(4) Enc. *Humanae vitae*, n. 14.

(5) Esta informação procede dos dados colhidos nos últimos dez anos pelo *Center for Disease Control*.

ABRAÇAR A VERDADE   137

Além disso, cada aborto deixa várias pessoas afetadas, entre elas os avós, a quem não é permitido sentir dor porque se trata de uma prática socialmente aceita ou porque a vergonha é grande demais. Dizia uma avó: «Como posso manifestar a minha dor se eles não o fazem?»[6]

A segunda forma de contracepção a que se refere a *Humanae vitae* (n. 14) é a esterilização. «É preciso excluir igualmente, como o Magistério da Igreja declarou muitas vezes, a esterilização direta, perpétua ou temporária, tanto do homem como da mulher». As formas permanentes de esterilização são a laqueadura de trompas ou a vasectomia. As formas temporárias incluem vários tipos de pílulas.

Que dizer dos que defendem a esterilização como modo de contribuir para o bem da totalidade da pessoa? Por exemplo, não é um bem que o casal mantenha relações sem o medo de uma gravidez que ponha em perigo a vida da mãe?

«Não se pode invocar em tal caso o princípio de totalidade, que justificaria intervenções sobre os órgãos para garantir um maior bem da pessoa. Com efeito, a esterilização em si mesma não se orienta para o bem integral da pessoa devidamente entendido [...], porque é contrária ao bem mo-

---

(6) Na Universidade Franciscana de Steubenville, há um túmulo em que estão enterrados cinco bebês abortados. Ao vê-lo, o Cardeal John O'Connor comoveu-se tanto que, voltando a Nova York, fez o mesmo no recinto do seminário. E pediu aos Cavaleiros de Colombo que promovessem túmulos semelhantes por todo o país.

Os Cavaleiros ergueram centenas desses memoriais, não só no nosso país, mas também em outros. Nos encontros de jovens que temos nessa Universidade, é frequente deixarmos em cima do túmulo flores, terços e brinquedos de crianças. É bonito e triste ao mesmo tempo. Se você fez alguma vez um aborto, pode ser que queira ir a um desses lugares para manifestar a sua dor, porque a sua perda foi real e o Senhor a consolará.

ral da pessoa, que é o bem mais elevado, na medida em que priva deliberadamente de um elemento essencial a atividade sexual prevista e livremente escolhida»[7].

Quando um ato é intrinsecamente mau, um bem potencial não pode anular a proibição. Esta doutrina serve também para responder a outras perguntas que a sociedade faz acerca da esterilização.

Pode justificar-se a esterilização no caso dos atrasados mentais ou outros que o Estado considere incapazes de ter filhos? No documento acima citado, posterior ao Concílio Vaticano II, lemos: «E não se pode invocar nenhuma disposição da autoridade pública que tente impor a esterilização direta como necessária para o bem comum, uma vez que tal esterilização lesa a dignidade e a inviolabilidade da pessoa humana» (n. 1).

Só Deus sabe quantas vezes as pessoas perdem a capacidade de gerar sem o saberem. Certa vez, quando o meu marido e eu chegamos ao hospital às seis da manhã para uma cesariana, entre os muitos papéis que era preciso preencher, havia um que autorizava a operação. Era muito cedo e pensei que devia ler esse formulário devagar antes de assiná-lo. Nunca deixarei de agradecer a Deus por essa ideia que me ocorreu.

O formulário tinha espaços em branco para indicar o nome do médico, declarar o procedimento e assinar. Ao ler a linha do procedimento, fiquei perplexa, porque dizia: «Cesariana recorrente e *esterilização*». Esterilização? Reagi imediatamente: «Não autorizo a esterilização!» Scott disse-me: «Deixe-me ver isso». E teve a mesma reação que eu.

A enfermeira ficou nervosa e desculpou-se, enquanto re-

---

(7) Resposta da Congregação para a Doutrina da fé sobre a esterilização nos hospitais católicos, 13-3-1975, n. 1.

ABRAÇAR A VERDADE 139

tirava o formulário: «Deve ter havido um erro. Sinto muito. Vou rasgar este formulário aqui mesmo e trazer um novo». Foi-se rapidamente. Estávamos perplexos. Pode haver erros humanos, mas esse não era um erro pequeno. Quinze minutos depois, a minha pressão ainda era de 15/8. «Continua muito aborrecida por causa do formulário, não é?», perguntou-me a enfermeira. «Pois claro! Poderia ter dado permissão para que me esterilizassem sem o saber. E só viria a descobrir a verdade quando tentasse engravidar de novo. E nem poderia pedir que desfizessem gratuitamente o erro, porque eu mesma tinha assinado o papel». Foi um pensamento que me entristeceu muito, mesmo no meio da alegria da iminente chegada do meu filho.

A terceira categoria de meios ilícitos para regular os nascimentos de que trata a *Humanae vitae* é a contracepção artificial: «Exclui-se além disso toda ação que, na previsão do ato conjugal, ou na sua realização, ou no desenvolvimento das suas consequências naturais, se proponha, como fim ou como meio, tornar impossível a procriação» (n. 14). Isto inclui não só todas as formas habituais de anticoncepcionais de barreira, mas também todas as práticas sexuais fora do vínculo matrimonial, em que o esperma poderia fecundar o óvulo.

Como já vimos, a contracepção contribui de diversas maneiras para deteriorar o matrimônio. Além de fomentar que os jovens tenham relações sexuais sem preocupar-se com a gravidez, permite que as pessoas casadas se arrisquem a ter uma relação extraconjugal sem recear as consequências do seu adultério. E o adultério contribui para aumentar os divórcios.

Outro efeito da contracepção é fazer com que as mulheres possam sentir-se usadas, tratadas mais como um objeto para uma relação sexual legítima do que como uma pessoa a quem amar.

Os métodos contraceptivos de barreira intrometem-se no ato de amor e turvam-no. E como a sua eficácia não é 100% segura, pode haver «falhas» que levem à gravidez. E com isso se abre o caminho para uma disputa: «Foi você que teve a culpa!»

Há teólogos modernos que dissentem da doutrina da Igreja neste ponto, e assim têm confundido muitos fiéis. Mas João Paulo II foi muito claro: «Tudo o que a Igreja ensinou sobre a contracepção não é um dos assuntos deixados à livre discussão dos teólogos. Ensinar o contrário equivale a induzir em erro a consciência moral dos esposos»[8].

Não só os teólogos, mas todos os católicos têm de entender que a doutrina da Igreja sobre a abertura à vida não é um tema sujeito à aprovação pessoal, mas um ensinamento essencial que é necessário afirmar e viver.

Abraçar a verdade da doutrina da Igreja neste ponto é mais do que rejeitar o aborto, a esterilização e a contracepção, embora não signifique menos. A *Humanae vitae* e documentos posteriores convidam-nos a levantar os olhos e ver a beleza e a maravilha de refletirmos a vida interna da Trindade nos nossos lares e através dos nossos corpos como sacrifícios vivos. O Senhor dar-nos-á a graça de que precisamos para sermos fiéis e fecundos.

---

(8) João Paulo II, *Discurso*, 5-6-1987, em *L'Osservatore Romano*, 6-7-1987.

Abraçar a verdade com amor

Que significa viver o resplendor da doutrina da Igreja sobre o matrimônio? Fé, esperança e caridade. A Sagrada Escritura oferece-nos referências que nos ajudarão a desenvolver estas virtudes na nossa vida.

«Caminhamos na fé, não na visão» (2 Cor 5, 7)

Uma senhora de Carmel, Indiana, expôs esta questão: «O meu marido decidiu não ter senão a nossa filha, porque só ganha o suficiente para pagar os estudos universitários de um filho. Isto parte-me a alma. Que lhe posso dizer?»

Em primeiro lugar, o marido dá por assente que não será promovido na firma em que trabalha, que a sua filha viverá até poder ingressar na Universidade, que mais irmãos poriam em risco a sua chance de fazer um curso superior, e que ela não será tão brilhante que possa ganhar uma bolsa de estudos.

Embora a Igreja Católica dê grande importância à educação dos filhos, em lugar nenhum nos obriga a matricular os filhos na Universidade. No entanto, esse pai não prestou ouvidos aos claros ensinamentos da Igreja, não fez caso do intenso desejo da sua mulher de ter mais filhos, e pôs nele mesmo a sua confiança quanto ao futuro, em vez de pô-la em Deus.

Na Carta de São Tiago (4, 13-16), afirma-se que só Deus conhece o futuro. Podemos planejá-lo – é prudente fazê-lo –, mas depois temos de colocar os nossos planos aos pés do Senhor: «Entrega ao Senhor o teu caminho, confia nEle, e Ele agirá» (Sal 37, 5).

Não conhecemos o futuro, mas conhecemos o Único que o vê, e é na sua fidelidade que pomos a nossa confiança. A nossa fé baseia-se na fidelidade do nosso Pai-Deus; é uma verdade simples, mas não é simplória.

São Paulo assegura aos fiéis de Filipos: «O meu Deus proverá magnificamente a todas as vossas necessidades, segundo a sua glória, em Jesus Cristo» (Fil 4, 19). Proverá a todas as nossas «necessidades» – diz –, mas estas não têm de coincidir necessariamente com os nossos *desejos*.

Jim, que reside em Ann Arbor, Michigan, é membro de uma família numerosa. Diz que a filosofia dos seus pais era ter um filho mais do que os seus recursos lhes permitiam. Assim teriam de confiar na Providência de Deus, e Deus nunca os desiludiu. Como diz um antigo adágio, «cada filho vem com um pão debaixo do braço».

Não se trata de nos armarmos de valor para cumprir a nossa missão com recursos próprios. Podemos não ter o necessário para fazer das nossas famílias o lar de Deus, mas Ele tem. Como fruto do Espírito Santo que é, a fé pode e deve crescer.

Um dia, quatro mulheres da Carolina do Norte vieram visitar-me. Queriam que lhes falasse da abertura para a vida. Uma estava recém-casada, outra tinha três filhos pequenos e o marido estava desempregado, outra tinha problemas de infertilidade e tinha adotado uma criança, e a última, que tinha problemas com a pressão sanguínea, tinha sete filhos.

Quando lhes pedi licença para interrompermos a nossa conversa por um pouco de tempo porque queria ir participar da Hora Santa, disseram-me em tom de brincadeira que perguntasse a Jesus se alguma delas devia ter mais filhos. Respondi-lhes jocosamente: «Não tenho necessidade de perguntar-Lhe; já sei a resposta: *sim, sim* e *sim*. De qualquer modo, perguntarei a Jesus». Todas rimos e ausentei-me.

Enquanto adorava o Santíssimo, pensei: «Que presunção a minha, Senhor, decidir de antemão o que Tu terias dito a essas boas mulheres! Queres que lhes diga alguma coisa ao voltar?» Tive a clara impressão de que a resposta dEle foi: «Tende sempre o olhar fixo em Mim».

Quando regressei, as mulheres perguntaram-me se tinha alguma coisa a dizer-lhes. «Penso que sim – disse-lhes –. A resposta que o Senhor me fez vir à cabeça não foi "sim", como lhes disse antes, mas: "Olhai sempre para Jesus. Qualquer coisa que fizerdes, fazei-a com fé"».

Essas palavras que me pareceram sugeridas por Jesus também se dirigiam a mim. O curioso é que, um ano depois, me encontrei com as quatro mulheres em Charlotte, e *eu* era a única que estava grávida!

«A virtude provada produz a esperança» (Rom 5, 4)

Esperança é ver a forma que Deus tem de construir o seu Reino: de um em um. O *Catecismo* exorta-nos a ser generosos na nossa família como uma das formas de colaborar com o Reino. Deus quer que o façamos, não tanto convencendo as massas com discursos eloquentes, mas através da nossa obediência diária, daquilo que Eugene Peterson chamou «a contínua obediência orientada para o mesmo fim». E o fim é que, pela fidelidade matrimonial, ofereçamos ao Senhor o valioso fruto dos filhos, que Ele mesmo nos proporciona.

Esperança é a capacidade que Deus nos dá de olhar o nosso grupinho de filhos como parte do exército do Senhor. É compreender que Deus sabe o que faz ao chamar-nos a esta incrível tarefa de mudar o mundo, *fralda após fralda*.

Para nos darmos conta da esperança que Deus pôs no nosso coração, devemos confiar na força que Ele nos concede para cumprirmos a sua Vontade: «Os que esperam no Senhor renovam as suas forças, deitam asas como as águias, correm e não se cansam, caminham e não se fatigam» (Is 40, 31).

Quando nos virmos sem forças, teremos de resistir à tentação do desânimo, lembrando-nos das palavras de Jesus a São Paulo: «Basta-te a minha graça, porque a força se aperfeiçoa na fraqueza». Ao que São Paulo correspondeu deste modo: «Com sumo gosto me gloriarei das minhas fraquezas, para que habite em mim a força de Cristo» (2 Cor 12, 9). A questão não está em saber se somos suficientemente fortes para que Deus se sirva de nós, mas *se somos suficientemente débeis*. A força divina atua na nossa debilidade.

À medida que crescemos em graça de Deus e em vida espiritual, crescemos nos frutos que o Espírito Santo produz em nós: crescemos em caridade, gozo, paz, paciência, amabilidade, bondade, fé, mansidão e continência (cf. Gál 5, 22-23). Ano após ano, *crescemos*, isto é, *parecemo-nos* mais com Nosso Senhor.

Uma vez disseram-me: «Não sei como você tem paciência para aguentar seis filhos». A paciência foi aumentando em mim com o tempo e cada vez a tenho mais. Não comecei por ter a paciência que tenho hoje e espero que Deus ma aumente, para bem dos meus filhos. Estou certa de que o fará.

Umas vezes, Deus forja-nos o caráter através do desafio que é a fertilidade, mas outras vezes fá-lo através da infertilidade. Todos conhecemos casais que tiveram um ou dois filhos sem esforço e depois se viram em dificuldades para que a esposa voltasse a conceber. Também conhecemos casos em que os cônjuges estiveram sempre abertos à vida e a mulher nunca chegou a conceber.

Uma amiga contou-nos no Natal que ia ter o seu segundo filho em agosto e que seria um menino. Deixou-me perplexa: como podia sabê-lo, se nem sequer estava grávida? Quando se dispusera a ter o primeiro filho, tinha engravidado no primeiro mês, e por isso tinha quase a certeza de que dessa vez voltaria a acontecer o mesmo... Disse-lhe que, quando desse à luz, não deixasse de dar-me a boa notícia. Depois de muitos padecimentos, conseguiu engravidar... quinze anos mais tarde.

Outra amiga, comprou um agasalho de grávida muito caro, dizendo-me que valia a pena porque tinha a certeza de que daria à luz todos os seus filhos no inverno. Mas os dois filhos que teve nasceram na primavera e no verão. Esperamos que alguém se tenha beneficiado desse bonito agasalho.

Pouco importa o número de filhos que tenhamos; ninguém sabe com certeza se teremos mais um. Estar aberto a uma nova vida não se traduz automaticamente em mais uma vida. A nossa fertilidade é um dom frágil.

Mesmo os esforços por engravidar que não dão resultado são um modo de contribuir para o Reino. Nada se desperdiça quando mantemos a esperança em Deus. Não há motivo algum para cairmos no desânimo, antes pelo contrário. E desse modo contribuímos também para fortalecer toda a Igreja.

«A mais excelente de todas é a caridade» (1 Cor 13, 13)

Deus é amor, ama a vida; Ele é a própria Vida. Foi Ele que deu o ser à criação e ama a criação que fez. Além disso, ama a vida ao dar aos casais o poder de imitá-lO mediante a entrega mútua no matrimônio e assim darem lugar a uma nova vida. Este é o círculo de amor e vida que Deus faz fluir através das famílias para criar uma civilização do amor.

A caridade é a chave: «A caridade é a alma da santidade [...]. Torna mais aceitável a renúncia, mais ágil o combate espiritual, mais generosa a entrega pessoal»[1]. Deve ser, pois, o princípio que guie toda a nossa conduta na família.

Rezar em família, rezar por ela e que ela reze, nisso consiste a comunhão de amor entre as gerações: começa com Deus Pai, propaga-se através de gerações fiéis, e chega até a família presente, para que volte ao Pai. A comunhão do amor conjugal conduz à comunhão do amor na família. A comunhão das pessoas converte-se em comunhão dos santos.

Para que uma família seja um civilização do amor, os membros têm de acolher a vida com alegria. João Paulo II disse num documento: «*Há pouca vida verdadeiramente humana nas famílias dos nossos dias.* Faltam pessoas com as quais criar e compartilhar o bem comum; e, no entanto, o bem, pela sua natureza, exige que seja criado e compartilhado com outros»[2].

Fomos criados pelo Amor para o amor. Quando nos damos ao nosso cônjuge com um amor de entrega total, sacrificado e abnegado, encontramo-nos a nós mesmos.

> «Então Jesus disse aos seus discípulos: "Se alguém quiser vir após mim, negue-se a si mesmo, tome a sua cruz e siga-me. Porque quem quiser salvar a sua vida perdê-la-á, mas quem perder a sua vida por mim, encontrá-la-á"» (Mt 16, 24-26).

Negar-se a si mesmo, abraçar a cruz e seguir Cristo por amor e com amor não são nobres ideais, mas parte da vo-

---

(1) *Vademecum*, n. 12.

(2) *Carta às famílias*, n. 10 (o itálico é do original).

cação diária da vida matrimonial. Todos fomos chamados à vida da cruz, não apenas as freiras e os padres.

Em 2004, João Paulo II canonizou uma mãe italiana do século XX, Gianna Beretta Molla. Santa Gianna descobriu, quando estava grávida, que tinha um cisto enorme no ovário. O médico recomendou-lhe que abortasse imediatamente. Como ela era médica, sabia que, se não concordasse com o aborto, poria em perigo a sua própria vida, mas recusou--se. Uns dias depois de o bebê ter nascido, morreu de peritonite séptica, após muito sofrimento e dores. Na homilia da beatificação, em 1994, o Papa disse dela:

«Uma mulher de amor heroico, esposa e mãe exemplar, que na sua vida diária deu testemunho dos valores exigentes do Evangelho. Ao pormos esta mulher como modelo de perfeição cristã, desejamos prestar homenagem a todas as mães valentes, que se dedicam sem reservas à sua família, que sofrem ao darem à luz os seus filhos, e depois estão dispostas a suportar qualquer esforço, a enfrentar qualquer sacrifício, para transmitir-lhes o melhor de si mesmas»[3].

Santa Gianna aceitou perder a vida para que a sua filha pudesse viver.

John Kippley, cofundador com a esposa da *Couple to Couple League*, anima-nos a dizer aos nossos filhos e netos: «O que a Igreja lhes ensina é para seu próprio bem, tanto nesta vida, no seu matrimônio, como na vida futura».

Oferecer ajuda prática

Temos de estimular os outros com palavras e obras a ser fiéis. Não basta conhecer e dar a conhecer a verdade. Em

---

(3) João Paulo II, *Homilia*, 24-4-1994.

vez de julgarmos os outros pelas más decisões que tomaram (com frequência por estarem mal informados), devemos pôr-nos ao lado deles com misericórdia e amor e oferecer-lhes apoio com a nossa oração e com a nossa ajuda.

Talvez seja esta a razão pela qual os compromissos matrimoniais se fazem publicamente, e não em privado. Quando somos testemunhas do compromisso mútuo de um novo casal, que promete estar aberto aos filhos e educá-los na fé, devemos lembrar-nos da nossa responsabilidade e oferecer a nossa ajuda para que esse casal cumpra o seu compromisso.

Como parte do corpo de Cristo, devemos tomar tão a sério a doutrina da procriação que nos perguntemos: «Como podemos conseguir que outros casais jovens se abram à vida? Que coisas concretas podemos fazer para ajudar as pessoas a ser, com a sua vida, testemunhas perante o mundo da relação entre Cristo e a Igreja?»

Não é muito difícil ajudar os casais jovens a manter os seus corações abertos um ao outro e ao Senhor. Podemos ser canais poderosos da graça para os casais que queiram viver verdadeiramente como católicos, se os ajudamos com o nosso apoio real.

A ajuda de Maria a Isabel

A nossa Mãe dá-nos exemplo deste tipo de serviço de caridade. Quando Maria soube que Jesus ia encarnar-se nela, soube também que a sua prima Isabel estava à espera de um filho. Foi imediatamente fazer-lhe companhia: não hesitou um só momento. Em vez de preocupar-se de cuidar da sua própria gravidez, quis servir a sua prima, grávida de seis meses, porque sabia que precisaria dela.

Seguindo o exemplo da Virgem, algumas estudantes da Universidade Franciscana fazem de babás durante três horas semanais, por rodízio, para prestar a famílias católicas jovens

ABRAÇAR A VERDADE COM AMOR   149

uma ampla variedade de serviços, de acordo com as necessidades de cada família. Todos se beneficiam, como costuma acontecer com o amor sacrificado. As estudantes, muitas das quais deixaram irmãos pequenos na casa de seus pais, têm a oportunidade de estar com crianças durante o tempo em que permanecem no campus; comove-as e forma-as verem -se tratadas por essas crianças como «irmãs mais velhas». E as mães recebem gratuitamente a ajuda de que precisam e, se têm um emprego, não caem na depressão que lhes pode causar terem de compaginar o trabalho fora de casa com os afazeres domésticos.

No caso das famílias numerosas, o apoio emocional pode ser mais necessário que o econômico. É ótima a ideia de recebê-las em casa para uma refeição. Por vezes, essas famílias veem-se excluídas por causa do seu tamanho. Quando ainda não tínhamos senão três filhos, já pudemos notar que esses convites diminuíam. Uma senhora convidou-nos apenas a Scott e a mim, porque, segundo disse: «Não sei como calcular a quantidade de comida para mais três crianças». Se mo tivesse perguntado, ter-lhe-ia dito que comiam muito pouco.

Por sua vez, as famílias numerosas parecem bastante felizes quando nos convidam: quanto mais pessoas se reunirem, melhor. Como é bom conviver com famílias numerosas!: para comemorar um batismo ou uma primeira comunhão, para um almoço de domingo, para uma excursão ao campo... Conviver com outras famílias numerosas ajuda-nos a ter orgulho da nossa e a ver-nos todos como uma só grande família, não como bichos do mato.

As mais velhas ensinam as mais novas

São Paulo manda que as mulheres que tenham maior experiência ensinem as mais jovens, «que sejam mestras do bem, para que ensinem as mais jovens a amar o marido e os filhos, a ser prudentes, castas, boas donas de casas, submissas ao marido, a fim de que não seja ultrajada a palavra de Deus» (Ti 2, 3-5). Será que as mais velhas cuidam de cumprir esse desejo? E as de meia idade, preparam-se para cumpri-lo num futuro próximo? E as mais novas, rezam para que possam receber esse serviço?

Que as mulheres se ofereçam para aconselhar as jovens e estas respondam que sim pode ser crucial para que a Palavra de Deus não caia no descrédito. Embora muitas de nós não vivamos geograficamente perto das nossas mães ou avós, podemos e devemos aprender delas. Precisamos de mentores.

Um dos meus desejos, quando tiver mais idade e os meus filhos tiverem crescido, é dedicar um dia por semana a ajudar quatro famílias, duas horas por família. Não é um compromisso muito grande, mas sei que pode mudar muitas vidas.

Não há nada como aposentar-se e dedicar-se a servir o próximo cristãmente. Passamos da escola do serviço involuntário para a do serviço voluntário. Em Gál 6, 9-10, lemos esta recomendação: «Não nos cansemos de fazer o bem, porque, se perseverarmos, a seu tempo colheremos o fruto. Portanto, enquanto dispomos de tempo, façamos o bem a todos, especialmente aos irmãos na fé». Já reparamos que fazer o bem não se limita ao nosso esposo ou esposa e filhos, mas estende-se aos nossos «irmãos na fé», aos cristãos, a começar pelos mais próximos?

Um casal foi incitado a seguir o exemplo de muitos dos seus amigos, que, ao aposentar-se, deixavam os filhos em Nova York e se mudavam para a Flórida. O casal respondeu que queria continuar a estar perto dos filhos casados, para ajudá-los na sua vida familiar. A reação foi ridícula: «Cuidem da sua própria vida!».

A mãe (e avó) disse-me: «Sim, na Flórida o clima é mais temperado e ficaríamos felizes de mudar-nos para lá, mas te-

ABRAÇAR A VERDADE COM AMOR   151

mos uma relação com os nossos filhos, noras, genros e netos que nunca poderíamos manter se nos mudássemos. Ajudamos os nossos filhos a educar a prole no lar, que é o melhor colégio, e compartilhamos juntos a fé».

Não se trata de que as avós sejam babás dos seus netos. Há uma grande diferença entre ser avô e ser pai. Os filhos precisam de que as suas próprias mães sejam as suas mães. Mas há uma relação diferente e especial com os avós.

Uma avó da minha vizinhança, viúva, chamada Margaret, teve dez filhos e agora tem uns cinquenta netos. É muito afável e delicada. Viveu durante anos nas casas de diferentes filhos e ajudou-os a organizar a vida familiar. Tem ido de casa em casa, dando uma mão aos netos nos seus deveres escolares, preparando algum prato para o jantar e levando um presentinho a cada neto para que saibam que ela pensa neles individualmente.

É tão humilde que provavelmente a mortificará saber que a ponho como exemplo, mas a verdade é que me ajudou enormemente vê-la comportar-se como mãe e avó tão sacrificada e amorosa. Ensinou-me muito e confio em que as suas filhas e noras também a tenham por modelo.

Infelizmente, em contraste com Margaret, há mulheres entradas em anos que não se comportam assim. Uma mãe de San Antonio, Texas, escreve:

«A minha família é católica, mas, mesmo assim, a minha mãe aconselha-nos insistentemente, ao meu irmão e a mim, a não ter "filhos demais..., seguidos demais...; isso é abusar dos filhos, porque vai faltar tempo para vocês estarem com eles". Dói-me muito o que nos diz. Chegou a animar-me a usar anticoncepcionais. Parece-me que este ponto de vista está longe da doutrina da Igreja, mas, infelizmente, é a atitude de muitos católicos».

Há avós que relutam em desempenhar o seu papel. Umas dizem: «Não tenho tempo»; outras: «Não consigo gostar de ser avó»; outras: «Vim ajudar com o primeiro filho, mas depois você precisa se virar»; outras ainda: «Já criei os meus filhos, agora crie você os seus». Não vale a pena dizer em voz alta os pensamentos que nos assaltam diante de semelhantes atitudes. Será que os mais velhos esquecem o enorme privilégio de ter netos?

Não podemos deixar que o egoísmo tome conta de nós depois de o termos arrancado ao longo dos anos de paternidade e maternidade. Se duvidamos da nossa capacidade de ser avós, devemos lembrar-nos dAquele que nos deu anteriormente a graça, a coragem, a perspicácia e a sabedoria para sermos pais. O Senhor ensinar-nos-á como rezar pelos nossos filhos casados e pela sua prole, como aconselhá-los, como ajudá-los dentro das nossas limitações, e como ser avós de modo a contribuirmos para a civilização do amor no nosso círculo familiar, que agora se ampliou.

O caráter sagrado da maternidade

Historicamente, a maternidade sempre foi considerada uma tarefa nobre. Hoje em dia, há ambientes em que a menosprezam, como se qualquer um pudesse criar um filho. Ou a denigrem, considerando-a uma perda de tempo e de talento. João Paulo II diz da maternidade: «Esta tarefa deve *ser reconhecida e valorizada ao máximo*»[4]. E acrescenta que o aspecto mais importante da vocação de Maria foi a maternidade, maior que qualquer dos seus títulos, como o de Rainha do Universo, Rainha dos Apóstolos ou Rainha dos Anjos.

---

(4) *Carta às famílias*, n. 17. O itálico é do original.

Maria é um maravilhoso exemplo para nós como mães. Devemos tratar os nossos filhos com o mesmo respeito e amor com que ela cuidou do seu Filho. Viver de acordo com esse modelo proporcionou-me certa vez uma experiência que não consigo esquecer.

Scott e eu estávamos num hotel na noite anterior ao dia em que eu daria uma conferência num congresso de que participariam milhares de pessoas. O nosso filho Joseph estava conosco porque ainda tinha que amamentá-lo. A minha única oportunidade de acabar de retocar o texto seria depois que Joseph adormecesse. Quando terminei o trabalho, por volta das duas e meia da manhã, o bebê acordou. Tranquilizei os meus nervos pensando que um pouco de leite o faria adormecer imediatamente. Mas mal o reclinei sobre o travesseiro, voltou a chorar. A cena repetiu-se três vezes.

Acabei por ficar apavorada e exasperada. Quando o choro recomeçou, saltei furiosa da cama. Num sussurro, o Senhor falou-me ao coração: «Toma-o nos braços como tomarias Jesus».

Caí na conta de que a minha irritação estava fora de lugar. Ali estava apenas um bebê que precisava da sua mãe, não um problema para uma conferencista. Peguei-o delicadamente, com grande amor e gratidão pelo dom que era para mim, pensando em Jesus quando era um bebê.

Sabem o que aconteceu? Voltou a dormir; e o tempo que dormi nessa noite foi suficiente para dar perfeita conta do que tinha de fazer no dia seguinte.

O Cardeal Joseph Mindszenty escreveu este elogio da maternidade:

«A pessoa mais importante da terra é uma mãe. Não pode reclamar a honra de ter construído a catedral de Notre-Dame. Não precisa dela. Construiu algo mais impressionante que nenhuma catedral: um lar para uma alma imortal, a pequena perfeição do seu bebê...

«Os anjos não foram abençoados com essa graça. Não podem participar do milagre criador de Deus que quer conduzir novos santos para o céu. Só uma mãe humana pode fazê-lo. As mães estão mais perto de Deus Criador do que nenhuma outra criatura: Deus alia-se com as mães para realizar este ato de criação...

«Haverá neste mundo de Deus coisa mais gloriosa que ser mãe?»[5]

Temos com os nossos filhos em concreto uma relação que só nós podemos ter, uma relação única. Foi Deus quem decidiu que fôssemos seus pais, e Ele não comete erros. Apesar da diferente personalidade e do nosso temperamento, somos os pais adequados.

Quando procuramos um trabalho que valha a pena, lembremo-nos de ter o cuidado de não perder as oportunidades de ser mães das nossas crianças. Para mim, não há nenhum trabalho mais valioso e mais bem remunerado que o de ser mãe de Michael, Gabriel, Hannah, Jeremiah, Joseph e David; não há livros mais importantes que possa escrever do que as epístolas vivas dos meus filhos[6].

Dedicar-nos a esta vocação, à maternidade, significa deixar morrer alguns dos nossos sonhos e que Deus os ressuscite de outro modo. Em vez de cantar no coro, a minha mãe cantava com e para nós. Em vez de dar aulas sobre a História Sagrada, ensinou-a a nós quando éramos pequenos.

---

(5) The Cardinal Mindszenty Foundation, P.O.Box 1321, Saint Louis.

(6) São Paulo refere-se aos cristãos de Corinto como epístolas ou «cartas vivas», «escritas não com tinta, mas com o Espírito do Deus vivo» (2 Cor 3, 2-3). Do mesmo modo, Scott e eu referimo-nos aos nossos filhos como as cartas mais importantes que podemos escrever.

O padre Dominic, de Gana, disse-me certa vez que, na sua língua nativa, a palavra para dizer «mãe» é *«obaatan»*, que significa «mulher que recolhe sujeira». Que expressão tão bonita para resumir muito do que fazemos: trocamos fraldas sujas; limpamos a sujeira do nosso lar; lavamos a roupa suja; damos banho nos nossos filhos e limpamos as suas mãos antes de comerem; limpamos as suas feridas antes de beijá-las.

Para mim, o cartão mais bonito do Dia das Mães foi o que o meu irmão escreveu para a minha mãe. Dizia assim: «Feliz Dia das Mães! Só quero dizer que perdoo você por todas as vezes em que me enchia a cara com a saliva dos seus beijos!» (não é o que todas nós fazemos?).

Já pensamos por que os filhos sempre dão a nós, às mães, e não aos pais, as roupas que sujaram? As mães refletem o trabalho do Espírito Santo, que nos *limpa* levando-nos a fazer uma boa Confissão.

Como Maria, precisamos de tempo para refletir, para meditar nas maravilhas que Deus nos mostra através da maternidade. Neste sentido, hão de ser-nos de muita ajuda os retiros, as tardes de recolhimento, a recitação do terço e, acima de tudo, a Missa diária e os momentos, também diários, em que oremos mentalmente, nem que seja por quinze minutos. Lembremo-nos do que dizia Santa Teresa de Ávila: não podemos fazer por Deus nada maior do que as pequenas coisas feitas com muito amor. Os pequenos atos e hábitos de piedade, que não omitimos levadas pelo amor, são o meio de reter e «ponderar no coração» (cf. Lc 2, 51) as grandes coisas que Deus faz por meio de nós, através do dom da maternidade.

PARTE IV

O plano de Deus para o matrimônio inclui mais uma alma?

Planejamento familiar natural

O que é?

O planejamento familiar natural (PFN) é um método para identificar os sinais de fertilidade e infertilidade feminina com o fim de tornar a concepção mais ou menos provável. Como o homem é normalmente fértil durante todo o tempo, este método consiste em determinar os períodos férteis da mulher, para assim discernir o tempo de fertilidade do casal.

Todo ato conjugal tem de estar aberto à vida, mas isso não significa que tenhamos a obrigação moral de ter todos os filhos possíveis. Significa que em cada ato conjugal não se deve frustrar a sua capacidade de gerar uma nova vida. Adiar a gravidez pode ser um bom fim, mas o fim não justifica qualquer meio. Os meios têm que ser lícitos, tal como o fim. O planejamento familiar natural é lícito porque, quando o usamos, os atos conjugais continuam abertos à vida.

É um método que Deus dispôs, por meio dos ensinamentos da Igreja, para regular a natalidade quando haja «motivos sérios». Eis o que diz a Encíclica *Humanae vitae*:

«Por conseguinte, se para espaçar os nascimentos existem motivos sérios, derivados das condições físicas ou psicológicas dos cônjuges, ou de circunstâncias exteriores, a Igreja ensina que nesses casos é lícito ter em conta os ritmos naturais inerentes às funções geradoras para usar do matrimônio unicamente nos períodos infecundos, e assim regular a natalidade sem ofender os princípios morais que acabamos de recordar» (n. 16).

Durante os tempos de fertilidade da mulher, o homem e a mulher, de mútuo acordo, abstêm-se do ato conjugal com o propósito de não conceber. É uma abstinência temporária, cuja licitude São Paulo reconhece por motivos de piedade (cf. 1 Cor 7, 5) e que é aceitável quando há razões sérias para não engravidar.

Nos últimos anos, os cientistas desenvolveram os seus estudos sobre o PFN baseando-se no conhecimento do ciclo de fertilidade da mulher. Os dois métodos naturais mais conhecidos são o sintotérmico e o da ovulação, que estão longe do método de calendário do ritmo, baseado apenas na história cíclica anterior.

O método sintotérmico utiliza as variações nas características da mucosa cervical e na sua temperatura basal (em repouso absoluto); há mulheres que controlam também as alterações físicas que se dão no colo do útero. Os sinais de fertilidade e infertilidade usam-se sempre contrastando-os com vários resultados.

O método da ovulação, desenvolvido pelos Drs. John e Lyn Billings na Austrália, ensina as mulheres a analisar a mucosa cervical para identificar os sinais de fertilidade. «Este método, fundado na presença ou ausência de fluxo do muco cervical, baseia-se num sistema de *biomarcadores* muito sensível: o fluxo menstrual e outras situações de perda de sangue, dias secos e dias em que o muco está presente, e outros»[1]. As mulheres fazem o gráfico cuidadosamente e, com a ajuda de especialistas, avaliam a sua saúde reprodutiva.

Quando se utiliza correta e consistentemente o PFN, adquire-se uma informação útil, não só para adiar a gravidez, mas também para consegui-la. Um casal de Los Angeles declara: «Só usamos o PFN para ver cada mês qual é o nosso melhor momento para conceber».

Quando os casais o utilizam para adiar a gravidez, obtêm 99% de resultados positivos[2]. É um pouco mais eficaz que a pílula e não tem efeitos secundários prejudiciais.

O que não é o planejamento familiar natural

Quando W.C. Fields estava no seu leito de morte, pediu uma Bíblia. Um amigo seu, que sabia que ele não era nada religioso, perguntou-lhe por que a queria. Respondeu: «Estou em busca do álibi..., do álibi».

O planejamento familiar natural *não* é o álibi católico, não é a contracepção católica. O arcebispo de Denver, Charles Chaput, esclarece:

«A contracepção é a decisão de esterilizar por qualquer meio uma determinada relação sexual [...]. O planejamento familiar natural não é de maneira alguma contraceptivo. A decisão de abster-se de uma relação sexual fértil é comple-

---

(1) Thomas Hilgers, *Creighton Model Fertility Care System*, Pope Paul VI Institute, Omaha, Nebraska, 1997. O itálico é do original. Trata-se de um método baseado no trabalho do casal Billings.

(2) Cf. John e Sheila Kippley, *The Art of Natural Family Planning*, 4ª. ed., Couple to Couple League International, Cincinnati, 1996.

162 KIMBERLY HAHN

tamente diferente da decisão voluntária de *esterilizar* uma relação sexual fértil»[3].

Quando um casal utiliza o método do planejamento familiar natural para adiar uma gravidez, deve ter um motivo importante para fazê-lo. O planejamento natural *não é* o que os casais católicos podem fazer para ser tão egoístas como qualquer outro casal na nossa cultura. O autodomínio, a comunicação interpessoal e o respeito mútuo necessários para seguir o planejamento natural não são o comportamento típico de pessoas egoístas.

Que diferença há entre ter relações nos dias inférteis e tornar inférteis essas relações por meio da contracepção? A *Humanae vitae* (n. 16) trata deste ponto:

«Entre os dois casos existe uma diferença essencial: no primeiro, os cônjuges servem-se legitimamente de uma disposição natural; no segundo, impedem o desenvolvimento dos processos naturais. É verdade que, tanto num caso como no outro, os cônjuges estão de acordo na vontade positiva de evitar a prole por razões plausíveis [...]. Mas é igualmente verdade que só no primeiro caso renunciam conscientemente ao uso do matrimônio nos períodos fecundos quando por motivos justos não é desejável a procriação, e retomam a sua prática nos períodos agenésicos para manifestar o afeto mútuo e para salvaguardar a mútua fidelidade. Agindo assim, dão provas de um amor verdadeiro e integralmente honesto».

O planejamento familiar natural *não* é melhor simplesmente por ser natural em vez de artificial (afinal de contas,

---

(3) Charles Chaput, *On Human Life: A Pastoral Letter*, Denver 1998. O itálico é do original.

PLANEJAMENTO FAMILIAR NATURAL 163

um termômetro é uma peça de tecnologia). Não é a natureza artificial da contracepção que a faz imoral, nem o caráter natural do PFN que o faz moral. João Paulo II afirma:

«Em contrapartida, quando os esposos, mediante o recurso aos períodos de infertilidade, respeitam a conexão inseparável dos significados unitivo e procriador da sexualidade humana, comportam-se como "ministros" do desígnio de Deus e "servem-se" da sexualidade segundo o dinamismo original da doação "total", sem manipulações nem alterações»[4].

A diferença chave é que, com o planejamento natural, cada ato conjugal está aberto à vida.

Este método não é a norma para a vida de casados, mas o que Deus e a Igreja pensaram para situações realmente difíceis. Eis um depoimento:

«Servi-me do planejamento familiar natural sobretudo para controlar a minha endometriose. Usando o método sintotérmico, sei quando alguma coisa não vai bem. Com o planejamento natural, posso preparar-me para uma ruptura cística (uma subida inusitada da temperatura pela manhã avisa-me de que vai acontecer alguma coisa no meu dia). Em vez de utilizar a pílula ou qualquer outro tratamento hormonal para a endometriose, posso aprender a viver com ela usando o PFN (e, é claro, tendo à mão calmantes potentes, sempre que necessário)».

Graças a Deus, o planejamento familiar natural ajudou casais com problemas físicos, como a endometriose, a infertilidade temporária e os abortos sucessivos. No en-

---

(4) *Familiaris consortio*, n. 32.

tanto, um médico de Franklin Park, Illinois, expõe a seguinte reserva:

«Não acho que o planejamento familiar natural seja necessário ou desejável para a maioria das pessoas casadas. Todos deveriam conhecê-lo e saber onde aprendê-lo, se for necessário, mas penso que não é necessário conhecer todos os detalhes de como usá-lo, e menos ainda praticá-lo. Não estou de acordo com os que dizem que todas as mulheres deveriam fazer gráficos dos seus ciclos menstruais. Tanta preocupação pela fisiologia é anormal.

«É como se se fizesse um diário dietético em que se registrasse cada pedaço que se come. Esta medida poderia ser necessária para alguém que tivesse diabete, alergia ou uma obesidade grave, mas seria um transtorno obsessivo-compulsivo para os que não tivessem nenhum problema nutricional. Na sexualidade, em que a relação interpessoal é tão importante, essa preocupação pelo físico pode até ser daninha. Como o PFN, isto é, a abstinência periódica para evitar a gravidez, só é apropriado "por motivos graves", quer dizer, em casos de extrema necessidade, não tem pés nem cabeça concentrar-se nas funções corporais».

O que este médico faz é sublinhar que o planejamento natural é mais um remédio para situações difíceis do que uma vitamina para uma vida sadia. A abstinência está justificada quando se têm razões sérias para adiar a gravidez. A chave é esta: se não queremos colher, não devemos semear. Caso contrário, zombamos de Deus (cf. Gál 6, 7-8).

Que se entende por «razões sérias»?

Às vezes, ficamos tão contentes de ver que os nossos familiares ou amigos abandonaram a contracepção e passaram

PLANEJAMENTO FAMILIAR NATURAL 165

a usar o planejamento familiar natural, que hesitamos em informá-los de que só o devem seguir quando há «razões sérias». É uma informação importante.

Não existe uma lista que indique explicitamente quais são essas situações, Referindo-se à «paternidade responsável», que, não sendo o mesmo que planejamento familiar natural, pode incluí-lo, diz a *Humanae vitae* (n. 10):

«Em relação com as condições físicas, econômicas, psicológicas e sociais, põe-se em prática a paternidade responsável quer com a deliberação ponderada e generosa de ter uma família numerosa, quer com a decisão, tomada por motivos graves e no respeito à lei moral, de evitar um novo nascimento durante algum tempo ou por tempo indeterminado.

«A paternidade responsável comporta sobretudo uma vinculação mais profunda com a ordem moral objetiva estabelecida por Deus, cujo fiel intérprete é a reta consciência. A paternidade responsável exige, portanto, que os cônjuges reconheçam plenamente os seus deveres para com Deus, para com eles mesmos, para com a família e a sociedade, numa justa hierarquia de valores».

Temos de considerar cuidadosamente quais são esses valores.

A oração é crucial no processo de discernimento da gravidade das razões que temos para usar o planejamento natural. Sempre respeitosa para com a liberdade do sagrado vínculo matrimonial, a Igreja não entra em especificações. Confia a nós essa avaliação.

Às vezes, deparamos com textos bíblicos aparentemente contraditórios. Por exemplo, em 1 Tim 5, 8 diz-se: «Se alguém não cuida [...] dos da sua casa [...], é pior que um infiel». Portanto, é válido ter em conta a situação econômica. Ao mesmo tempo, lemos em Mt 6, 25-34 que Deus cuidará de nós. Deus proverá. Como casal, como interpretamos estas duas verdades?

São problemas que devem ser tratados já antes do casamento. Quanto mais o noivo e a noiva coincidirem na forma de pensar sobre a questão dos filhos, menos conflitos haverá depois. E se preveem que vão ter problemas sérios no começo da vida conjugal, é caso para pensar se não será melhor adiar a data do casamento.

Mas podem não ter a mesma forma de pensar depois de casados. Um cônjuge pode pensar que o planejamento natural é necessário desde o começo, e o outro não. É necessário que um escute o coração do outro e que diga também o que tem no seu. Não se trata de uma luta de poderes: «O amor não procura o que é seu» (1 Cor 13, 5).

Quer se resolva abrir-se à vida sem planejamento natural ou usar dele, a decisão deve ser tomada somente a partir da fé; o medo não inspira decisões corretas.

Proponho três perguntas que podem ajudar a discernir se é conveniente usar o planejamento natural:

1. Temos razões de peso e graves para usar o método natural?

2. Consideramos na oração por quanto tempo devemos usá-lo?

3. Estamos de acordo sobre estes pontos?

Não é fácil decidir seguir estes critérios, como reconhecem Peter e Mary, de Illinois:

«Apesar de termos sabido claramente que usávamos o planejamento natural corretamente para espaçar os nossos filhos, agora temos dúvidas. A nossa decisão de adiar os nascimentos para proteger a saúde de Mary ou para ajudar melhor os nossos filhos nos seus deveres escolares – é simples prudência, ou uma manifestação de falta de fé? Ou será que deveríamos dizer: "O nosso Deus misericordioso sabe melhor como um novo nascimento afetará estes problemas e, mesmo sem usarmos o planejamento natural, escolherá o momento apropriado, se quiser e quando quiser mandar-nos outro filho"?

«Sabemos que, se nós "decidirmos" ter outro filho, isso não quererá dizer que Deus vai abençoar-nos com um. Também sabemos que, agora que temos trinta e tantos anos, se fizermos o gráfico do planejamento natural e nos abrirmos completamente ao plano e ao tempo de Deus, ainda podemos ser abençoados com muitos mais filhos. Não será normal estarmos aflitos com essa disjuntiva, embora confiemos realmente em Deus e no seu amor por nós?

«Não queremos estar na mesma situação do jovem rico do Evangelho (Lc 18, 18-25), que se afastou triste de Jesus e dos seus preceitos. Também não queremos considerar a concepção de filhos como um jogo de números, como se Deus "calculasse" a nossa santidade por uma espécie de fórmula para cada filho».

Talvez nos custe saber das lutas interiores de Peter e Mary, mas parecem-me uma bênção. Suscitam questões prementes e pertinentes que eu mesma tenho de encarar. Transmitem a realidade do desafio que temos pela frente.

Como podemos ser bons guardiães de uma dádiva tão frágil como é a nossa fidelidade?

Servidores da nossa fertilidade

Como pessoas casadas, temos uma missão: o nosso amor tem de convergir para uma nova vida; é a nossa tarefa como cristãos. O Concílio Vaticano II ensina:

«No dever de transmitir a vida humana e educá-la, os cônjuges sabem que são cooperadores do amor de Deus Criador e como que seus intérpretes. Por isso, com responsabilidade humana e cristã, cumprirão a sua obrigação com dócil reverência para com Deus. De comum acordo e propósito, formarão um juízo reto, tendo em conta tanto o bem próprio como o bem dos filhos, já nascidos ou ainda por nascer, discernindo as circunstâncias do momento e do estado de vida, quer materiais, quer espirituais, e finalmente tomando em consideração o bem da sua própria família, da sociedade e da Igreja» (*Gaudium et spes*, n. 50).

Não temos apenas a missão de transmitir a vida, mas de fazê-lo *na fé*. Ora, sendo assim, não será que todo planejamento natural demonstra falta de fé e confiança em Deus?

Não. O Senhor, através da Igreja, deu-nos o PFN como um presente para que possamos conjugar, o melhor possível, o desejo de ter filhos com a presença de outras preocupações.

Formar «um juízo reto» nesta matéria é um desafio: um casal pode abraçar a abertura para a vida sem a ajuda do PFN e com isso tomar uma decisão lógica e responsável; e outro casal pode abraçar a abertura para a vida excluindo o PFN como expressão da sua confiança em Deus. Qualquer dessas decisões pode ser responsável e cheia de fé.

No primeiro caso, porém, dá-se um grande testemunho de confiança na Providência divina. Mais que criticado, um casal que deixe nas mãos de Deus o número, sexo e espaçamento dos filhos não deve ser tratado como um alienado da realidade ou totalmente irresponsável. Não deve ser castigado por ter a fé e a humildade de confiar a Deus o momento adequado de ter filhos. Longe de demonstrar uma fantasiosa irresponsabilidade, demonstra uma virtude heroica, porque parte da base de que o Senhor entende melhor que nós os infinitos detalhes da vida.

PLANEJAMENTO FAMILIAR NATURAL

Seja como for, não se deve esquecer o que ensina São João Paulo II:

«Deus Criador convida os esposos a não serem executores passivos, mas antes "cooperadores e como que intérpretes" (cf. *Gaudium et spes*, n. 50) do seu plano. Porque são chamados, por respeito à ordem moral objetiva estabelecida por Deus, a efetuar um *insubstituível discernimento dos sinais da vontade de Deus sobre a sua família*»[5].

Estamos diante de um esforço de cooperação entre o casal e Deus. Devemos rezar, ser mutuamente sensíveis e avaliar a seriedade da nossa situação para podermos confiar de verdade em Deus e agir de maneira responsável. Isto não significa pensar apenas em como adiar ou limitar o número de filhos, mas em como ampliar a família, como diz o Papa João Paulo II:

«A paternidade responsável de modo nenhum se dirige exclusivamente a limitar os filhos e muito menos a evitá-los; significa também a vontade de aceitar uma família numerosa»[6].

Situações conflitivas

Quando se adota o planejamento natural, podem originar-se muitas situações conflitivas. O marido de Luanne «concordou aparentemente em adotá-lo, mas por dentro sentia-se repelido».

Uma mãe de Lockport, Louisiana, escreve:

«Não é que o planejamento natural não me seduza. Acontece que quando o praticamos durante longos perío-

---

(5) João Paulo II, Discurso de 14-12-1990.
(6) João Paulo II, em *L'Osservatore Romano*, 11-4-1988.

dos, meu marido tem pensamentos e desejos impuros. Isto faz com que o planejamento natural seja muito difícil e desagradável para ambos».

Patrícia e William pensaram que o planejamento natural os ajudaria, mas aumentou-lhes a tensão. Um dos dois tinha medo de que não fosse eficaz:

«Começamos a usar o planejamento natural depois de termos cinco filhos, o mais velho de quatro anos. O PFN não teve um efeito positivo na nossa relação. Tínhamos muitos filhos e o meu marido vinha procurando estabelecer-se como advogado, enquanto continuava a dar aulas na Universidade. Seus pais estavam velhos, precisavam da nossa ajuda e dependiam de nós para sustentar-se e deslocar-se.

«Eu tinha uns ciclos extremamente irregulares (de trinta e cinco a sessenta dias). No pouco tempo que nos restava um para o outro, devíamos aguentar as restrições. Não tínhamos folga para controlar os nossos tempos e planos. Isto pode ser difícil de entender, mas conto-o para dizer como éramos infelizes com o planejamento natural. O nosso maior presente e alegria eram os filhos que já tínhamos».

Eileen conta:

«A parte irônica do planejamento natural é que o momento em que o corpo está interessado no sexo é o momento em que é preciso conter-se, se não se quer engravidar. Os períodos em que eu não estava fértil foram também decepcionantes porque praticávamos um ato que não podia dar origem a uma vida. Comecei a sentir-me usada».

O PFN pode ser também um desafio quando só um dos cônjuges está convencido de que a contracepção é um erro, como experimentou esta mãe de vários filhos:

PLANEJAMENTO FAMILIAR NATURAL

«Eu usava anticoncepcionais, justificando-me com o argumento de que, se Deus quiser que tivesse mais filhos, deveria ter-me feito homem! Mas, ao compreender que isso era ir contra a Vontade de Deus, parei de usá-los. Meu marido insistiu em que usássemos alguma outra coisa, e eu repetia -lhe que o que usássemos devia estar de acordo com o que a Igreja aprovava.

«Ele não gostava do planejamento natural. Não queria ter períodos de tempo em que eu não estivesse disponível. Fazia-me sentir culpada dos meus períodos férteis, em que ele tinha que abster-se. Eu procurava evitar qualquer coisa que pudesse provocar o seu desejo e levar-me a dizer-lhe: "Esta noite não". Distanciamo-nos um do outro e andávamos aborrecidos».

Mas poucas vezes é assim. Conheço casais que passaram da contracepção para o PFN e descobriram mudanças muito positivas no seu relacionamento. Um deles contava:

«Amávamo-nos mais, a nossa relação era mais forte, respeitávamo-nos mutuamente e a nossa admiração por Cristo crescia. Passamos a aceitar os filhos abertamente e ainda hoje continuamos a viver a nossa vida dessa maneira».

Tem havido casos de pessoas a quem o ensinamento da Igreja sobre a abertura para a vida levou a converter-se. Eis a história de uma família:

«Nasci e cresci numa família de judeus ortodoxos, mas fui "testemunha do cristianismo" durante grande parte da minha vida e converti-me numa "cristã em segredo".

«Pouco depois de me ter casado, um dos meus ovários desenvolveu um cisto que rompeu. O médico disse-me que provavelmente teria de extirpar o ovário e que a probabilidade de conceber filhos era mínima. Enquanto me levavam à sala de cirurgia, disse a Deus Pai que, se pudesse ter filhos nos próximos quatro ou cinco anos, dedicaria a minha vida e a vida dos meus filhos a Ele e a Jesus. Quatro meses depois, engravidei e percebi que, embora isso tivesse acontecido cedo demais, devia cumprir a minha promessa. Comecei a participar de cursos de iniciação cristã e na Semana Santa seguinte recebi todos os sacramentos.

«Há quatro anos, começamos a seguir os ensinamentos da Igreja sobre o planejamento natural e a pô-los em prática a sério. Os nossos queridos amigos da Igreja foram o modelo excelente para submetermos as nossas vidas totalmente a Deus (e um ao outro). Não foi fácil: as duas últimas gravidezes foram uma prova de e para a nossa fé.

«Eu tivera dois nascimentos prematuros, cinco cesarianas e muitos problemas nas duas últimas gravidezes. Tivéramos de enfrentar dois abortos, entre os quais havia dois pares de gêmeos. Tudo parecia desesperador, mas sabíamos que para Deus não há nada impossível (também desejávamos um menino...; as quatro pequenas vinham rezando para terem um irmão).

«Em novembro, soube que estava grávida e começou o jogo. Guardava de novo estrito repouso..., sangrando e rodeada de problemas e más notícias. Pedimos ao sacerdote que me desse a Unção dos Enfermos, comungamos, pedimos a ajuda da Santíssima Virgem, dos anjos e dos santos, e as orações dos nossos amigos. E voltei a ler os versículos da Bíblia que me tinham ajudado em outras gravidezes.

«Foram sete meses de prova, mas a educação dos filhos na família manteve-nos unidos, e Deus estava conosco. Apesar de todos os cuidados, o parto adiantou-se um mês e meio. O útero começou a desfazer-se e eu entrava no final dos meus anos de poder ter filhos. Mas o Senhor abençoou-nos com um maravilho menino de quase dois quilos. Mostrou-se tão bom conosco!»

PLANEJAMENTO FAMILIAR NATURAL

Apesar das numerosas provas por que passou, essa família está feliz por ter posto em prática a nova forma de pensar que tinham adquirido. Paul conta-nos outro caso em que o planejamento natural os ajudou no seu serviço à vida.

«Minha mulher e eu começamos a aprender o planejamento natural aproximadamente um mês antes do nosso casamento. Aprendemos os cuidados que devíamos tomar, como também aprendemos que um casal pode pecar se usa o planejamento natural por razões egoístas.

«Como a minha esposa ficou muito doente durante os três primeiros meses de gravidez, decidimos seguir o planejamento natural para espaçar o nascimento dos nossos filhos. Os primeiros dois têm agora cinco e três anos, e o último dezoito meses.

«Durante estes últimos anos, aprendemos muita coisa. Agora entendo melhor por que o caráter da minha mulher muda com frequência. No começo do nosso casamento, antes de compreender a psicologia da minha esposa, tomava como agravo pessoal muitas das coisas que ela fazia ou dizia. O planejamento natural ajudou-nos a aprender como dar -nos um ao outro sem reservas nem desconfianças, para que em cada momento que passamos juntos renovemos o nosso matrimônio e o abramos completamente à vida».

As objeções mais frequentes para abrir-nos a mais uma alma

A ordem de prioridades constitui um desafio para todos os casais. Como organizarmos as nossas forças, os nossos recursos econômicos, a nossa fortaleza emocional e o estado psicológico em que nos encontramos? Podemos contemplar a possibilidade de mais uma alma como fruto do nosso amor?

Quando os meus filhos não querem ajudar os outros por alguma razão, rara vez dizem «não». Normalmente, as suas negativas são indiretas: «Neste momento, não posso», «Tenho de fazer outra coisa», «Não tenho tempo», «Não sei fazer isso»...

Percebe-se de longe. Dão umas desculpas legítimas, mas afinal negam-se a ajudar os outros nesse preciso momento.

Quando se trata de abrir-nos à vida, muitas vezes procuramos encontrar uma maneira sutil de dizer «não» ao nosso Pai celestial. Podemos ter razões legítimas e de peso para recusar o presente de mais um filho naquele momento, mas podemos não tê-las. Como distinguir um caso do outro?

Em primeiro lugar, devemos rezar para que Deus nos ilumine, porque «se algum de vós necessita de sabedoria, peça-a a Deus – que dá liberalmente, com simplicidade e sem recriminação –, e ser-lhe-á concedida» (Tg 1, 5).

Em segundo lugar, devemos analisar os nossos motivos: raciocinamos com fé ou com medo? Então devemos pedir: «Aumenta-nos a fé!» (Lc 17, 5).

Em terceiro lugar, precisamos do apoio e da força do corpo de Cristo para cumprirmos a nossa missão e assim aceitarmos a Vontade de Deus.

Expomos aqui algumas respostas rápidas a legítimas preocupações relacionadas com a doutrina da Igreja sobre a abertura à vida.

Motivos físicos

Doença grave ou morte

O nosso estado físico pode ser muito grave. Não podemos fazer ouvidos surdos à opinião de um médico que nos diga que outra gravidez poderia ser gravemente prejudicial – ou mesmo levar-nos à morte – só por querermos ter mais filhos. Se o médico nos prescreve a pílula ou recomenda a histerectomia (a retirada cirúrgica do útero), e não usamos desses recursos pelo seu efeito contraceptivo, não pecamos.

Os médicos podem não ter presentes as consequências espirituais quando nos dão um conselho. Por outro lado, nem todos os médicos são da mesma opinião.

Em Joliet, Illinois, duas das minhas amigas receberam o mesmo conselho. Uma delas foi ver o médico depois do terceiro parto e ele desaconselhou-a a ter mais filhos, dizendo-lhe: «Três filhos já são uma família considerável». Pouco depois, a segunda foi consultar o médico e este disse-lhe: «Dois

AS OBJEÇÕES MAIS FREQUENTES

filhos já são uma família considerável». Mas ambas quiseram ter uma segunda opinião e, nos dois casos, o médico demonstrou-lhes que não havia razões clínicas para não ter outro bebê.

Os médicos não sabem tudo e não podem prever tudo. Um casal conta:

«Fomos aconselhados a abortar [depois de terem um bebê que nasceu morto e com graves anomalias]. Disseram -nos que as anomalias do nosso filho podiam repetir-se se voltássemos a conceber. Dois anos depois, servimo-nos do planejamento familiar natural para tentar conceber. Funcionou! Anne tem agora três anos e é completamente sadia. Desejamos ter mais outros filhos».

Outra mãe contou-nos o seu caso:

«Quando tinha vinte e um anos, trabalhava num hospital. No momento em que ajudava um paciente a levantar -se, senti uma dor aguda nas costas: tinha deslocado uma vértebra. Doía-me muitíssimo e nas duas semanas seguintes tomei calmantes e relaxantes musculares.

«Uma manhã, levantei-me com bastantes náuseas. Pensei que podia ter engravidado. Quando comuniquei a suspeita ao médico, submeteu-me à prova da gravidez e o resultado foi positivo. Recomendou-me que abortasse imediatamente, pois o bebê "provavelmente" nasceria deformado ou mentalmente retardado por causa dos remédios. Rejeitei firmemente a proposta.

«Continuou a dizer-me que "certamente" ficaria paralítica da cintura para baixo devido ao peso do bebê durante a gravidez ou no parto. Quando mantive o meu "não", recusou-se a continuar a tratar-me. Explicou-me que não queria que o acusassem de ter-me mantido encerrada em casa por "estar grávida" e não por causa da lesão na coluna. Abandonou-me, e eu era incapaz de andar, sentar-me ou deitar-me sem sentir uma grande dor.

«Com a gravidez, deixei imediatamente de tomar os remédios para a dor. Tive uma gravidez em que convivi com a dor e o medo. Perguntava-me quando seria incapaz de mexer as pernas. Chegou a hora do parto, e eu não sabia o que esperar, se teria um bebê com malformações ou atraso mental. Rezei e pedi a Deus que me desse forças para confiar nEle e aceitar a sua vontade a meu respeito, qualquer que fosse. Por fim, vieram os resultados.

«A nossa filha Sara tem agora dezessete anos. Goza de excelente saúde e é uma menina inteligente, bonita e talentosa.

«A conclusão da minha história é esta: se tivesse feito caso desse médico há dezoito anos, teria roubado a mim mesma a alegria e a felicidade que me dá essa minha filha».

Os médicos oferecem o seu melhor conselho, mas às vezes enganam-se. Há ocasiões em que prescrevem a pílula quando uma mulher tem ciclos irregulares. Embora não seja pecado usar a pílula por razões estritamente médicas, há outras considerações que se devem fazer:

«Muitas das irregularidades dos ciclos são induzidas pela própria pessoa: uma alimentação, dieta ou exercícios inadequados [...]. A pílula não "regula" os ciclos irregulares. É verdade que fará com que as menstruações se produzam em intervalos regulares, mas não ajuda ao ciclo normal de fertilidade, antes o deixa de lado por completo [...]. Ainda que por vezes seja uma cruz, um ciclo irregular pode ser tolerável. Normalmente, pode-se conseguir um ciclo mais regular melhorando a alimentação, mas certamente não se justifica que se usem métodos imorais de controle da natalidade ou de comportamento sexual»[1].

Não devemos fazer caso omisso das advertências dos médicos, mas temos de certificar-nos de que não nos dão simplesmente uma opinião pessoal.

Mary, de Elkart, Indiana, transmite-nos este testemunho:

«Sou a nona de treze filhos. Quando os meus pais se casaram, em 1962, os médicos disseram-lhes que, por problemas sanguíneos, poderiam ter, quando muito, um filho saudável. Meus pais rezaram muito à nossa Mãe, a Virgem, e ao Senhor, e puseram o futuro da sua família totalmente nas mãos de Deus.

«A partir desse momento, foram generosamente abençoados. Hoje, passados trinta e cinco anos, têm treze filhos completamente saudáveis, física, mental e espiritualmente. Nenhum deles teve nunca uma doença grave».

Extraordinário testemunho da fé e abandono nas mãos de Deus, apesar dos pareceres médicos!

Idade demais

Sentir-se com idade demais e ter idade demais são coisas diferentes. Uma mãe exprime assim as suas preocupações:

«Ainda não ficaram para trás os nossos anos férteis, mas agora que estamos perto dos quarenta, com um filho adolescente, quatro em idade escolar e uma criança por criar, sentimo-nos cansados. Pergunto-me: como saber que es-

---

(1) Kippley, *Sex*. O termo entre aspas é do original.

tamos abertos à Vontade de Deus na nossa vida matrimonial, sem responder com as nossas necessidades egoístas em mente?»

Não é a única com essa preocupação.

Se notamos sinais de envelhecimento – início da menopausa, abortos possivelmente causados por óvulos inúteis ou outras dificuldades físicas –, poderíamos pensar que o Senhor vai fechando a porta para a possibilidade de termos mais filhos. De qualquer modo, não é a sociedade que nos pode esclarecer. Só Deus cria os bebês e conhece a nossa idade e possibilidades.

Se ainda podemos conceber, quem diz que temos já idade demais? Os filhos tardios são uma bênção divina. Na época da minha mãe, costumava-se considerá-los uma bonificação. Era como se Deus dissesse: «Fizeste um trabalho tão bom que tens de criar mais um!»

Quando os nossos filhos veem que vivemos abertos à vida, essa verdade entra-lhes pelos olhos. Compreendem muitos dos sacrifícios que fazemos. Temos a oportunidade de lhes dar lições práticas sobre o cuidado dos filhos e isso aumenta a sua responsabilidade para com os irmãos pequenos e prepara-os melhor para a paternidade.

Contamos com mais ajuda. Sabemos que podemos permitir-nos uma sesta quando conveniente, porque temos à nossa volta filhos mais crescidos que podem encarregar-se de muitas tarefas, como correr atrás dos pequenos e agachar-se para dar-lhes o banho. E isso reduz parte da tensão.

Um novo bebê em casa é esplêndido para os adolescentes, que talvez se sintam envergonhados de mostrar carinho. Mas a verdade é que os pequeninos recebem esse carinho e o devolvem com toda a espontaneidade e sem qualquer vergonha. É uma oportunidade de os adolescentes se lembrarem das cançõezinhas que lhes cantávamos, dos nossos abraços e carícias, e de não se esquecerem de quanto lhes amamos.

Os bebês não se importam de que os adolescentes tenham amigos ou encontros. Não notam a acne nem o cabelo despenteado. Não negam um sorriso ou um abraço a esses irmãos, quando tiram más notas ou riscam o carro. Só olham para cima (e muito alto, se o adolescente é uma torre), erguem os braços e esperam que o amor flua até eles.

Que maneira tão boa de aumentar a autoestima dos filhos mais velhos, quando estes veem como o pequeno aprende tantas coisas que lhe ensinam, desde contar os dedos dos pés e das mãos até aprender o abecedário e memorizar o nome de cada pessoa e objeto. Compartilham a alegria dos jogos como o esconde-esconde ou o pega-pega; divertem-se, e eles próprios se dão cada dia um pouco mais.

Num período da vida em que o normal é fecharem-se em si mesmos, os adolescentes dão-se generosamente a um irmão pequeno, derramando o seu amor nesse membro da família. E se é verdade que se vão tornando independentes da família, no bom sentido, também se sentem mais unidos a ela por causa da carinha de anjo e dos braços abertos do pequenino.

Quanto aos pais, terem filhos numa idade tardia significa prevenir a síndrome do «ninho vazio», quando o último filho se tiver casado e chegarem os netos. Pode fazê-los rejuvenescer física e psicologicamente. No filme *O pai da noiva*, Steve Martin segura a nova filha com um braço e o novo neto com o outro, e diz: «Há coisa melhor que isto?»

É animador ver que os nossos corpos já um pouco gastos podem produzir um ser tão belo e novo. Que alegria tão maravilhosa criar com Deus!

Jovem ou imaturo demais

Se somos jovens demais para ter filhos, somos jovens demais para casar-nos. Tudo vem no mesmo pacote. Quando nos entregamos ao outro no matrimônio, prometemos receber os filhos do Senhor e educá-los na fé.

Se somos imaturos demais para ter filhos, somos imaturos demais para casar-nos. A verdade é que nunca nos sentimos maduros para ter filhos que dependerão de nós para tudo, mas ter um filho faz amadurecer. Deus concede a sua graça no momento em que se precisa dela.

Mudanças físicas depois da gravidez

É difícil recuperar a aparência que se tinha antes de ter um filho. Talvez se demore algum tempo a perder o peso que se ganhou. Mas é preciso sopesar cuidadosamente (sem dupla intenção) a alternativa: o que tem mais valor: um novo ser dotado de uma alma que viverá por toda a eternidade, porque você decidiu mudar o seu corpo para que caiba nele o seu filho em desenvolvimento, ou continuar magrinha?

A propósito, não há textos bíblicos que digam que a magreza seja uma característica da Divindade. Qual deve ser a norma?

No filme *E o vento levou*, a principal personagem feminina, Scarlett O'Hara, toma uma decisão surpreendente: decide não ter mais filhos nem manter relações sexuais com o marido apenas porque não poderá voltar a apertar tanto o espartilho.

Por absurdo que pareça, é praticamente o exemplo que seguem muitas mulheres dos nossos dias. Em vez de descartar ter relações, rejeitam firmemente tê-las sem tomar pílulas ou esterilizar-se para não engravidar (Scarlett estaria orgulhosa).

AS OBJEÇÕES MAIS FREQUENTES

Quem disse que devemos ter o perfil de uma adolescente depois de termos um filho? Por que o melhor elogio há de ser: «Você está como se nunca tivesse dado à luz»?

Ganhar peso durante a gravidez não é o mesmo que engordar; é conservar a vida que você traz dentro de si. Na Itália, uma mulher com as curvas da gravidez é considerada uma mulher madura e bela.

Em Prov 31, 30 lê-se: «A elegância é enganosa, e a beleza é vã, mas uma mulher que teme o Senhor será admirada». Quando trazemos todas as marcas físicas temporárias ou permanentes da gravidez, somos verdadeiramente formosas. A beleza externa é coisa que passa, mas a alma permanece para sempre.

Nesta questão, é fundamental a atitude do marido. Uma das minhas amigas deu à luz no mesmo dia que eu; era o meu primeiro filho e o terceiro dela. Depois da revisão, passadas seis semanas, disse-lhe eu: «É emocionante ter a aprovação do médico para reatar as relações, não é?» Mexeu a cabeça negativamente: «Ainda tenho de perder quase três quilos. E o meu marido disse-me que, enquanto não os perder, nem lhe passa pela cabeça».

Não é incrível? Ainda tenho vontade de esbofeteá-lo. Que atrevimento o desse homem fazê-la sentir-se pouco bela e desejável depois de tudo o que passou para lhe dar o seu precioso filho!

Quando Scott contempla o meu corpo, diz-me: «O seu corpo diz que você me amou o suficiente para ter os meus filhos». Aprecia-me pelo que sou, não pelo que pareço. E isso faz-me abrir-me à possibilidade de ter mais filhos.

Quando fiquei desesperada pela quantidade de estrias que me saíam, o médico disse-me que pensasse nelas como medalhas ao mérito. Informou-me que, em algumas culturas africanas, as mulheres com estrias são honradas porque provam que tiveram filhos. As varizes também me ferem o orgulho, mas a única pessoa que se deve importar com elas é o meu marido.

Há muitas coisas que ajustar depois do nascimento de um filho. É preciso cuidar de satisfazer as necessidades do bebê dando-lhe o peito; perder peso é secundário. É mais importante comer bem para que o filho se alimente como deve.

O cansaço e a falta de sono também desempenham um papel chave na questão de perder peso. É frequente que comamos mais quando estamos cansadas ou quando dormimos menos. Por outro lado, embora percamos cinco a seis quilos com o nascimento, demora um certo tempo perder o resto. É preciso ter calma.

«Afinal de contas – diz Scott –, dentro de alguns anos os nossos corpos estarão reduzidos a um montículo de pó. Por que não usá-los para abrir-nos ao poder do amor que gera uma vida?» Embora seja uma observação com uma ponta de humor negro, contém uma dose de verdade. Ou, como disse certa vez um homem de noventa e oito anos: «Viemos para voltar a ir». Temos que ter um ponto de vista mais sobrenatural, começando por pensar por que razão temos um corpo.

Seremos demasiados

Uma amiga que teve o seu segundo filho em dois anos disse-me: «Que acontecerá se tiver um filho todos os anos?»

Não é frequente que Deus abençoe tanto um casal. O que Ele nos pergunta é se estamos dispostos a abrir-nos à vida, não se queremos ter um certo número de filhos. Quantas pessoas conhecemos que tiveram uma família numerosa?

Uma das nossas amigas esperava o nono filho. Eu estava curiosa de saber o que pensa uma mãe de tantos filhos. Respondeu-me: «Sinto-me feliz, porque oito eram sete mais

AS OBJEÇÕES MAIS FREQUENTES 185

um, sete eram seis mais um, e assim sucessivamente». Pensar assim ajuda; outro filho é apenas o seguinte.

Por outro lado, dar de mamar é uma grande bênção em muitos sentidos. É verdade que não há garantia de que não iremos conceber durante o período de lactância, mas muitas das mulheres que amamentam durante os primeiros meses experimentam um atraso na volta da fertilidade. Foi o que me confirmou o médico depois de uma cesariana. Disse-me que, enquanto amamentasse o meu filho durante os primeiros meses, o meu corpo só voltaria à normalidade depois de se ter recuperado suficientemente da cirurgia. Com efeito, houve ocasiões em que não tinha menstruação ao menos durante um ano depois de cada nascimento.

Só porque confiamos a Deus o tamanho da nossa família, não devemos concluir que vamos ter muitos filhos. Concebi nove vezes, mas, devido aos abortos naturais, tivemos apenas seis filhos. Muitos casais na região de Steubenville, onde residimos, só puderam ter um, dois ou três filhos em mais de vinte anos de casados.

Superpopulação

O receio da superpopulação teve origem na tese do economista inglês do século XIX, Thomas Malthus. Estava ele convencido de que, por falta de autocontrole das relações sexuais, a população cresceria geometricamente, ao passo que a produção de alimentos cresceria aritmeticamente. Com isso, a raça humana correria o risco de perecer de fome.

Baseando-se nessas ideias, em 1822 Francis Place recomendou aos liberais que lutassem contra o problema, e o controle da natalidade, que incluía o aborto, apresentou-se como a solução. Em 1968, o livro de Paul Ehrlich, *A explosão demográfica*, aumentou os temores.

A fome no mundo não é um problema que tenha a ver com a superpopulação, mas com a tecnologia: com o desafio de tornar mais produtiva a terra que existe. Esta é a razão, para dar um exemplo, de que vinte mil americanos tivessem passado fome na mesma terra que hoje alimenta milhões de pessoas.

Segundo o livro de Robert Sassone sobre a demografia, *Handbook on Population*, há ainda muita terra que explorar para produzir alimentos: dispomos de mais do triplo da terra que se cultiva atualmente; os países desenvolvidos poderiam produzir facilmente dez vezes mais alimentos do que produzem; a terra tem reservas de petróleo para mais de um milhão de anos; e hoje os seis bilhões de pessoas que habitam o mundo só utilizam 11% da terra cultivável[2].

Se a fonte do problema da fome não é a superpopulação, qual é? A dificuldade é mais de índole política que econômica. Muitos países cuja população sofre em grande parte de extrema pobreza têm governos corruptos que interferem no crescimento econômico em benefício próprio, impedem ou destroem a agricultura, controlam os meios de produção, etc.

Além disso, há países em que os grãos e os animais são adorados como deuses, não como produto de consumo (um missionário na Índia viu um merceeiro bater e enxotar uns meninos famintos que pediam comida, mas permitiu que uma vaca parasse à sua porta e comesse à vontade). Os grupos étnicos matam-se de fome uns aos outros, destroem os campos já semeados, obrigam as populações a viver em espantosos campos de refugiados onde as crianças morrem de

---

(2) Robert Sassone, *Handbook on Population*, 5ª ed., American Life League, Stafford, Va., 1994, com muita documentação.

inanição. Forçam-se as esterilizações, impõe-se o filho único, a laqueadura de trompas, distribui-se material e permitem-se passeatas em que se promove o homossexualismo... As legislações autorizam o aborto, a eutanásia, a indústria do sexo, etc., tudo em nome de uma política de combate à superpopulação. E assim se cria um ambiente que, além de atentar contra a dignidade humana, dissemina uma mentalidade inimiga da natalidade.

Uma boa amiga, Anne, passeava com os filhos por um parque de Boston, onde estava de visita. O menino de três anos ia agarrado à sua mão direita, o de dois à mão esquerda, o de um ano num bebê-canguru, e via-se claramente que estava grávida. Aproximou-se um homem e disse-lhe: «É gente como você que cria todos os problemas deste mundo!» Isto é, insultou-a!

Se tivesse sido eu, ter-lhe-ia devolvido o insulto. Mas Anne, que é uma mulher toda de Deus, simplesmente olhou-o com tristeza e respondeu-lhe: «Sinto tanto que você olhe para estas encantadoras crianças e pense que elas são o problema!...» No livro acima citado, Sassone demonstra que um país cuja população decresce começa a decair.

Motivos psicológicos

Recém-casados

Costuma-se dizer aos recém-casados: «Primeiro, conheçam-se um ao outro». Sim, é preciso adaptar-se à vida de casado: é preciso aprender a ser menos egoísta e a dar-se mais ao outro. Só por sermos homem e mulher, somos totalmente diferentes, dependendo de como foi a nossa educação. Se mesmo assim, e depois de um tempo prudente de namoro[3], ainda não nos conhecemos, não devemos casar-nos.

Uma jovem mãe conta como começou a sua vida matrimonial abrindo-se à vida: «Foi maravilhoso. Tivemos uma encantadora menina nove meses depois».

Outro casal é da mesma opinião e explicita: «Ter um filho tão cedo ajudou-nos a aprender desde o princípio a sacrificar-nos e a ser menos egoístas. Ainda não temos casa e usamos roupa de segunda mão, mas Deus proverá».

Pam, de Vermillion, Ohio, recomenda que os casais jovens conheçam a opção do planejamento familiar natural, «mas devem ser exortados a usá-lo só por *razões de peso*. Será bom animá-los a abrir-se à vida desde o princípio. Nós tivemos um filho dez meses depois de nos termos casado: foi uma bênção para o nosso matrimônio».

Don e Michelle seguiram o conselho de esperar um ano antes de terem o primeiro filho. Sabem quando o tiveram? Passados oito anos de vida conjugal, que incluíram períodos de infertilidade e abortos naturais. Ela pediu-me: «Por favor, diga aos casais jovens que não esperem. Não sabem o que pode acontecer depois».

Uma das maiores bênçãos que a gravidez traz consigo é crescer em sã dependência de Deus e de interdependência entre marido e mulher. Isso puxa pelo que eles têm de melhor: a mulher sente-se mais feminina e deixa de ser autossuficiente e independente, porque as suas necessidades são maiores. Por sua vez, o homem dá de si o que tem de melhor como administrador, apoio e animador. Os dois precisam de mais graça de Deus para poderem servir um ao outro e preparar-se para os filhos que hão de vir, e isso é bom porque

---

(3) Veja-se Thomas G. Morrow, *O namoro cristão*, 3ª ed., Quadrante, São Paulo, 2015 (N. do T.).

amadurecem cedo e fortalecem a fé. Não vale a pena não exagerar ou distorcer as «razões de peso» para adiar a primeira gravidez? Quantos casais não conhecemos que prolongaram indefinidamente a vigência dessas «razões de peso» – sempre lhes parecia que ainda não era o momento – e depois acabaram por começar a ter filhos numa idade em que mais parecia que tinham netos e não filhos? A juventude dos pais é um tesouro para a boa formação dos filhos.

Já temos filhos suficientes

Depois de dar uma palestra em Lincoln, Nebraska, uma senhora aproximou-se de mim e contou-me a sua história:

«Tinha já dez filhos quando alguém me perguntou se continuava aberta à vida. Respondi-lhe: "Já tenho dez".

«Disse-me: "Nunca se sabe, mas o de número onze poderia ser o seu companheiro quando você envelhecer". Tinha razão. Meu marido faleceu pouco depois, e esse meu filho de número onze é agora o meu coração e o meu amigo».

Quando pensamos que já temos suficientes filhos, fazemo-lo comparando-nos com outras famílias. Mas não podemos decidir o tamanho da família baseando-nos em comparações.

Quando dei a boa notícia de que uma das minhas irmãs esperava bebê, o meu filho comentou-me: «Mamãe, vamos lá! Estamos perdendo a corrida!»

Eu ri (e rezei pela sua futura esposa). «Perdendo? Querido, isto não é um jogo em que se ganha ou se perde; *todos* ganhamos quando há uma nova vida. Isto não é uma competição».

Nunca ouvi ninguém dizer no fim da vida que teria desejado ter um filho a menos, mas ouvi muitas pessoas dizer que teriam gostado de ter ao menos mais um filho.

O Concílio Vaticano II declarou:

«Entre os casais que cumprem a tarefa dada por Deus, merecem especial menção aqueles que, com coração valente, sabedoria e de comum acordo, se comprometem a levar adiante uma família apropriada e mesmo relativamente grande» (*Gaudium et spes*, n. 50).

Se os filhos dotados de valor fossem unicamente os primeiros e os segundos, quantos de nós mesmos estaríamos vivos, especialmente se considerarmos o nosso lugar na extensa árvore genealógica? A nossa existência dependeu da heroica generosidade de muitos dos nossos antepassados. Não havemos nós de ser igualmente generosos?

Limitações emocionais

Por que sentimos às vezes que estamos no limite da nossa resistência emocional?

Um bom meio de superar essa dificuldade é começarmos por identificar as razões que levaram a esse estado de ânimo. Que devemos mudar para reduzir a pressão?

Se nos vemos à beira da exaustão, não poderia, por exemplo, uma babá ou a nossa mãe ajudar-nos a ter um pouco de tempo para fazer algum exercício físico ou dormir a sesta? Lembro-me de ter estado imensamente agradecida a uma amiga que levava o meu filho mais velho ao parque para que eu pudesse relaxar enquanto o meu outro filho dormia. Essas duas horas eram-me totalmente necessárias para enfrentar o restante do dia.

Quando tive os nossos primeiros gêmeos, reparei que o mais difícil de suportar era a falta de sono. Apavorava-me pensar que nunca mais tornaria a dormir seis horas seguidas. Agora tenho o suficiente número de filhos para saber que os meses em que é necessário alimentá-los à noite passam relativamente depressa. Esses meses chegaram até a ser um tempo especial para rezar pelo bebê e acariciá-lo com mais vagar que durante o dia.

Mães experientes ou grupos de orientação familiar podem dar-nos conselhos e recomendar-nos livros ou conteúdos sobre o modo de organizar a casa, simplificar a limpeza, montar uma estratégia para a disciplina, etc. Às vezes, a frustração aparece por não sabermos como impor disciplina aos filhos, não por causa do número deles. Pode instalar-se o caos com dois filhos e pode reinar a ordem com dez.

Nem é preciso dizer como ajuda receber com frequência os sacramentos da Confissão e da Eucaristia, que são um poderoso reforço da graça sacramental do matrimônio. Se nos for possível, passemos também um pouco de tempo diante do Santíssimo Sacramento. Nesse colóquio de amor com Cristo, fortalecemos o coração e a alma no meio do cansaço. E assim podemos fazer nossa a experiência de uma amiga minha: «Antes esgotava-me porque pensava: "Faça-se a minha vontade". Agora penso: "Faça-se a vontade de Deus"».

Medos

Muitas mulheres enfrentam diversos temores: medo de abortar ou de que o filho nasça morto, medo dos vômitos frequentes, do parto, de outra cesariana, de infecções das mamas por darem o peito, da depressão pós-parto. São medos reais, que não podem ser combatidos com uma palmadinha nas costas. O que fazer?

Em primeiro lugar, temos de treinar os nossos corações em fortalecer-se na verdade. Temos de aprofundar no sentido do matrimônio como vocação, isto é, como chamada de Deus, no valor de cada filho, no amor que temos pelo nosso esposo, na graça dos sacramentos e no privilégio que é oferecer o sofrimento em união com Cristo.

Depois, temos de pensar nos meios para sair da situação que nos assusta. Estes remédios que tomo para a hipertensão, as vertigens e os vômitos não serão prejudiciais para o meu filho? Não precisamos de outro médico? Não devemos ter o parto em casa e não no hospital, ou vice-versa? Não haverá alguma anestesia que funcione melhor? Normalmente, o conhecimento diminui o medo. Talvez possamos falar com pessoas que tenham passado por uma situação semelhante à nossa e adotar as estratégias que foram eficazes no caso delas.

Por último, os meios sobrenaturais. Nunca soube que a Missa tivesse tantas referências à paz até que fiquei grávida de Jeremiah depois do meu segundo aborto. No começo dessa gravidez, sentia-me como se, através do celebrante, Deus estivesse dando a paz a todos os presentes menos a mim. Acabei por abrir-me com o sacerdote em confissão.

Quando lhe falei da angústia que sentia, escutou-me compassivamente e depois disse-me que, embora fosse compreensível o estado de espírito em que me encontrava, a minha angústia era um pecado. Depois de ter feito o ato de contrição e de ter recebido a absolvição, fiquei cheia de paz. E, a partir daí, rara vez me senti angustiada pelo medo de ter outro aborto.

Ajudaram-me muito duas passagens do Novo Testamento: «Não vos inquieteis por nada! Em todas as circunstâncias, apresentai a Deus as vossas preocupações, mediante a oração, as súplicas e a ação de graças. E a paz de Deus, que excede toda inteligência, haverá de guardar os vossos corações e os vossos pensamentos em Cristo Jesus» (Fil 4, 6-7). E a segunda: «Descarregai sobre Ele todas as vossas preocupações, porque Ele cuida de vós» (1 Pe 5, 7). Obteremos a graça e a paz de que precisamos se as pedirmos ao Senhor.

A crítica dos outros

É necessária a força da fé e das convicções para enfrentar as críticas que se ouvem de todos os lados quando chega mais um filho. E também para dar a boa notícia com entusiasmo. Se as pessoas veem a nossa cara sorridente, talvez reprimam as suas críticas.

Muitas vezes, são os maridos a receber críticas. Depois de um senhor ter anunciado o nascimento do sexto filho, o sócio recriminou-o: «Você não é capaz de controlar-se?» Confundia a abertura para a vida com a satisfação de uma espécie de desejo sexual agressivo.

A mesma situação incômoda se deu com o marido de Janet, como ela conta:

«Durante a festa de comemoração dos setenta e cinco anos do meu pai, ele, que não partilha da nossa fé, apresentou o meu marido a todos os seus amigos com estas palavras: "Meu genro, o fanático do sexo". Todos riram estrepitosamente, embora talvez o meu marido fosse o único dos presentes que se tinha casado virgem, que era fiel, e suficientemente leal para assumir a plena responsabilidade da sua paternidade. O mundo iguala o controle da natalidade ao autocontrole: é um exemplo perfeito do que diz Isaías: "Ai daqueles que ao mal chamam bem, e ao bem, mal, que mudam a luz em trevas e as trevas em luz" (Is 5, 20-21)».

Scott e eu sempre quisemos ter uma família grande. Algumas pessoas aconselhavam-nos: «Esperem até terem um; verão como mudam de ideia». Depois de termos o primeiro, continuamos a querer ter mais.

Estes filhos que hoje temos são a nossa vida, o nosso matrimônio e a nossa família. Não deixemos que os parentes ou os amigos nos impeçam de ter outro filho só porque não queremos receber críticas. O presente de um filho é maravilhoso demais para que o negativismo dos outros nos controle.

É natural que queiramos ter o apoio dos que amamos, mas deixemos que seja o Senhor quem nos diga: «Muito bem, servo bom e fiel», embora o nosso desejo fosse ouvi-lo das pessoas que mais estimamos.

Os conflitos são proporcionais ao número de irmãos

As pessoas pensam que, se há poucos irmãos, pode-se evitar que briguem uns com outros; e que, se nasceram bastante espaçados, haverá menos conflitos porque terão interesses diferentes, planos diferentes e amigos diferentes. Viverão vidas mais independentes.

Mas o problema não é esse. A rivalidade dá-se porque as crianças, como os pais, têm de aprender as regras da convivência. Vamos cunhar outra expressão: em vez de rivalidade, amizade entre irmãos! Os irmãos que nasceram muito seguidos compartilham muito mais coisas: têm interesses comuns, os mesmos planos e, com frequência, os mesmos amigos. E se, além disso, são bastantes, poderá haver entre eles mais conflitos, mas haverá também mais alegria. Em vez de eliminar os filhos, eliminemos a nossa incapacidade de intervir nas suas brigas e de criar um clima de harmonia.

Motivos emocionais

Os cuidados com um filho excepcional

O terceiro filho de Burke e Ruth nasceu com Síndrome de Down. Quando lhes perguntei se isso afetara a sua abertura à vida, disseram-me que não. Apostavam que os novos irmãos que dessem a essa criança também a amariam com o amor incondicional que só se tem entre irmãos.

Um filho que tenha nascido com alguma anomalia certamente viverá mais do que nós. Não sejamos míopes. Demos-lhe irmãos que o amem e cuidem dele quando nós tivermos deixado esta terra.

Uma mulher aproximou-se de mim depois de uma palestra sobre a abertura à vida que dei em Anaheim, Califórnia. Apesar de ser filha única e ter apenas um filho – uma garotinha com Síndrome de Down –, achava pouco razoável parar por aí. «Vou ver – disse-me entre lágrimas – quantos irmãozinhos posso dar a essa criança maravilhosa».

Temos que dar um passo à frente nesses casos difíceis e proclamar a verdade de Deus: a vida dessas crianças com alguma anomalia é tão valiosa como a das outras, porque todas foram feitas à imagem e semelhança de Deus.

Quando Scott e eu esperávamos o nosso primeiro filho, as pessoas costumavam perguntar-nos: «Querem um menino ou uma menina?» A nossa resposta imediata era: «Pouco importa, desde que nasça saudável». Um dia, Scott perguntou-me: «Tem que nascer saudável?» Eu, que pensava que já éramos magnânimos quando dizíamos que não nos importava o sexo da criança, parei um momento e reconheci que púnhamos uma condição: a saúde. Agora a nossa resposta é: «Pouco nos importa que seja menino ou menina. O que fazemos é rezar pela sua saúde, mas, quer nasça saudável ou não, é um presente que Deus nos dá».

Eis a história de uns bons amigos de Cincinnati:

«Em 1961, nasceu a nossa segunda filha. Demos-lhe o nome de Carol Joy. Vimos que era tranquila, chorava muito pouco, e era fácil de cuidar, ao contrário de Julie, que era um puro feixe de nervos. Mas Carol não parecia reagir aos estímulos.

«Depois de consultarmos vários médicos nos meses seguintes, disseram-nos que a criança tinha microcefalia (a cabeça demasiado pequena). Parte do cérebro não se tinha formado adequadamente. Não se mostraram muito otimistas sobre a possibilidade de que o cérebro crescesse a tempo.

«Estávamos desfeitos. Ambos éramos cristãos e confiávamos em Deus, mas era difícil conformar-nos. Dizíamos aos amigos: "Por que acontece isto conosco?" Rezávamos dia e noite e o mesmo faziam muitos dos nossos amigos.

«Betty e eu decidimos não deixar Carol numa clínica; queríamos tê-la conosco em casa e a amávamos com toda a alma.

«Não podia andar nem falar. Em nenhum momento parecia ter consciência da nossa presença, embora os nossos amigos garantissem que "nos reconhecia".

«Durante esses anos, em que não houve nenhuma mudança, frequentávamos a igreja e começamos a ler a Bíblia com mais frequência. Betty sentava-se ao lado da filha e recitava-lhe versículos, convencida de que a escutava.

«Nas reuniões que organizamos em casa para estudar a Bíblia com os nossos vizinhos e amigos, vimos como os mais jovens queriam falar sobre os valores espirituais e sobre o modo como a Bíblia podia mudar a vida das pessoas. Mas a pessoa mais importante do nosso grupo era a nossa filha, que estava no quarto contíguo.

«Das primeiras vezes em que os participantes vieram à nossa casa, custava-lhes ir vê-la. Nunca tinham visto uma menina assim e não sabiam o que dizer. Mas pouco tempo depois, começaram a olhá-la, a pegar-lhe a mão, a acariciar--lhe a cabeça, a trazer-lhe outro copo de suco.

«E surpreendentemente as pessoas mudavam só de estarem com ela. De algum modo, Carol era uma pequena evangelista..., uma pequena e silenciosa evangelista. Totalmente alheia ao que se passava à sua volta, parecia ter o condão de aproximar as pessoas de Deus e de levá-las a mudar. As nossas próprias vidas, as nossas prioridades, mudaram radicalmente. É difícil entender como uma menininha com tal grau de incapacidade podia fazer com que este mundo fosse melhor, mas Carol conseguiu-o.

«Olhando para trás, ficou-nos definitivamente claro que há uma intenção subjacente em tudo o que acontece. Por meio da nossa Carol, Deus pôde conduzir para Ele muita gente e converter-nos a todos nós em pessoas mais serviçais, mais caritativas e mais compassivas para com os outros.

«Depois que morreu, não foram poucos os que nos disseram ter rezado pela sua recuperação..., todos os dias..., durante vinte e um anos.

«Mas não era a vontade de Deus.

«O céu é um lugar maravilhoso. Temos a certeza de que Carol será ali uma pessoa normal. Se durante vinte e um anos não pôde andar, falar, reconhecer-nos, agora sabemos que está lá em cima andando, falando, dançando, cantando e, o mais importante, rindo. E podemos dizer-lhe que a amamos, embora eu pense que já o sabia».

A vida de Carol contou. Todas as vidas contam, porque toda vida é um presente de Deus[4].

---

(4) Veja-se sobre o tema: Rogelio C. Ramos, *Cartas que você não lerá*, Quadrante, São Paulo, 1995 (N. do T.).

Motivos financeiros

Não temos dinheiro suficiente

Podemos imaginar o que diria um casal de há duzentos anos, se lhe disséssemos que somos pobres demais para ter outro filho? Certamente haveriam de perguntar-nos: «Vocês não têm eletricidade e água encanada? Não têm carros, em vez de cavalgaduras? Não têm mercearias e supermercados em vez de ter de cultivar na horta os alimentos diários?» Poderiam concluir com toda a razão: «O problema é que vocês são ricos demais para perceberem a sua pobreza de miras em matéria de filhos!»

Os casais com dois salários e sem filhos concentram-se frequentemente na sua carreira profissional, e não na família. Recentemente, um jovem fez-me este comentário: «Estamos deixando de ser um casal com muito dinheiro e sem filhos para ser um casal com um só salário e cinco filhos. Agora a minha mulher está em casa o tempo todo e vamos a caminho de ser uma grande família com um só salário».

A Igreja Católica apoiou durante muito tempo essa distribuição de responsabilidades: o marido cuidaria de ganhar o suficiente para sustentar a família, e a mulher permaneceria em casa para cuidar dos filhos que o Senhor lhes desse. Hoje pensa-se que a mulher deve ter também um trabalho fora do lar, não só por motivos econômicos, mas para que se realize profissionalmente, já que não é inferior ao homem em aptidões para exercer um cargo. Está certo, desde que não comprometa o seu tempo e disposição para cuidar dos filhos como só ela o pode fazer. Aliás, cada vez se veem mais casos de mulheres que, a certa altura da vida, renunciam a altos postos empresariais para desempenharem melhor a sua insubstituível missão de oferecer ao marido e aos filhos um lar acolhedor.

AS OBJEÇÕES MAIS FREQUENTES   199

Se o casal adere a este ponto de vista, deve tomar certas precauções:

— evitar endividar-se na medida do possível. Se já tem dívidas, procurar saldá-las o mais depressa possível, lembrando-se de que «o devedor é escravo do credor» (Prov 22, 7).

— quando ele e ela trabalham antes de ter filhos, devem procurar viver apenas com o salário do marido, para que assim não seja difícil prescindirem do salário da mulher quando chegar o filho.

— ter presente que as pessoas são mais importantes do que as coisas: não há necessidade de precipitar-se em ter casa própria, em organizar viagens transatlânticas para descansar, em mudar de carro todos os anos, etc.; a prudência e a sobriedade nos gastos são características de um casal cristão.

— não ver na riqueza de bens materiais a marca do sucesso na vida; a verdadeira riqueza são os filhos, bem educados na fé e nas virtudes do caráter.

O desejo de dar aos filhos tudo o que pedem

Com frequência, os pais querem dar aos filhos tudo o que lhes peçam: um quarto só para eles, aparelhos eletrônicos, roupa de grife, o último modelo de tênis, e por aí vai, conforme os filhos e filhas crescem... E dar-lhes mais um irmão? Ah, isso não!

Os irmãos são o melhor presente que podemos dar aos nossos filhos, depois do nosso amor por eles. Aprendem a amar-se uns aos outros, a reconciliar-se depois de uma pequena desavença, a ajudar-se sem egoísmo, em vez de colecionar brinquedos só para eles. E quando Deus nos chamar à sua presença, ajudar-se-ão uns aos outros em qualquer necessidade e a percorrer este caminho de fé que é a nossa vida na terra.

Dois filmes antigos, *Doze é demais* e *Os seus, os meus e os nossos*, comovem todos os públicos porque mostram como, nas famílias numerosas, todos se preocupam por todos, compartilham os objetos pessoais, ajudam-se mutuamente e estudam juntos. Não são estes os valores que queremos para os nossos filhos?

Durante uma Missa que João Paulo II celebrou em Washington na sua primeira visita aos Estados Unidos, disse na homilia:

«As decisões sobre o número de filhos e os sacrifícios que se hão de fazer por eles não devem ser tomados com base na comodidade e na vida tranquila. Levando este problema a Deus, com a graça recebida através dos sacramentos e guiados pelos ensinamentos da Igreja, os pais devem saber com toda a clareza que, definitivamente, é menos importante negar aos filhos certas comodidades ou vantagens materiais do que privá-los da presença de irmãos e irmãs, que os podem ajudar a crescer em humanidade e a apreciar a beleza da vida em todas as suas etapas e variantes»[5].

Motivos espirituais

Se um sacerdote aprova a contracepção

Nenhum sacerdote pode aprovar o que não é aprovável. A atitude de um sacerdote que permita a contracepção ou a esterilização é classificada pela Encíclica *Casti connubii* (n. 21) como «traição à confiança sagrada».

Devemos rezar para que os nossos sacerdotes sejam fiéis.

---

(5) João Paulo II, Homilia no Capitol Mall, 7-10-1979.

Cabe-lhes oferecer consolo e conselho aos casais que passem por dificuldades nesta matéria de abertura à vida. Mas não podem perdoar o pecado em nome da compaixão.

Mesmo que um sacerdote tenha aprovado o uso de anticoncepcionais, é nossa responsabilidade formar a consciência sobre o grave erro em que se incorre nesse caso. Temos acesso ao *Catecismo* e a outros documentos da Igreja. Podemos conhecer a verdade de Deus.

A Bíblia não foi escrita antes da tecnologia moderna?

A Bíblia é anterior à tecnologia; Deus não. Ele não está limitado pelas práticas de nenhuma época. Embora a tecnologia mude, Deus não muda e a verdade não muda.

Uma das finalidades que Deus atribuiu à tecnologia é conhecer mais sobre as suas criaturas. Outra, a de conseguir curar doenças ou capturar criminosos. O controle da natalidade não cumpre nenhum desses fins. A fertilidade não é nem uma doença nem um crime. Mesmo em caso de violação, qualquer filho concebido continua a ser um presente de Deus e não um pecado.

A tecnologia ajudou-nos a entender como funciona a nossa fertilidade, e isso é louvável. O planejamento natural, já o dissemos, serve-se por exemplo de um termômetro para fazer o gráfico do ciclo da mulher e permitir que se pratique o ato sexual em períodos infecundos, no caso de haver razões sérias para evitar a gravidez em determinado momento. Isso está dentro do desígnio do Criador, que não quis que a mulher fosse permanentemente fértil.

Prevenir a concepção por métodos artificiais não é matéria que incumba legitimamente à ciência (atualmente, defrontamo-nos com problemas semelhantes na área da engenharia genética, por exemplo). A quem devemos obediência: à ciência ou a Deus?

Mais tempo para compromissos espirituais

Às vezes, desejaríamos ter mais tempo para as nossas práticas espirituais e para manter contato com pessoas que possamos aproximar de Deus. É verdade que, como diz a minha mãe, na vida há tempo para tudo; devemos procurar crescer na virtude da ordem e assim o nosso tempo se multiplicará. Mas será que é uma prioridade passarmos uma hora ou mais rezando ou conversando com uma amiga, pessoalmente ou por telefone, enquanto temos pequenos que necessitam de uma atenção constante?

Uma amiga minha escreveu-me que os trabalhos domésticos de uma mãe são as suas principais obras de misericórdia (cf. Mt 25, 35-36):

«Estava...

... faminto». A mãe prepara o café da manhã, o lanche para o colégio, o almoço, o jantar.

... sedento». A mãe dá o peito, prepara um suco para depois do basquete, leva água gelada aos filhos que cuidam do jardim.

... nu». A mãe veste os filhos, cobre-os à noite, envolve-os na toalha depois do banho, compra-lhes roupa numa liquidação.

...um estranho». Recebe-os no seu ventre, cuida com antecedência do berço, trá-los para casa quando saem do hospital, prepara tudo para as férias escolares.

...preso». Acompanha com compreensão as mudanças físicas e psíquicas que prendem e isolam o filho adolescente.

Numa noite de adoração eucarística, escrevi o seguinte em verso livre:

Onde estou, aí devo estar.
Este é o meu caminho para a santidade,
embora os trabalhos e as contrariedades – coisas da vida –
me distraiam de Ti.
Começo de novo, desde o princípio, renovada.
Hoje escolho seguir-Te.
Ainda que os problemas do próximo precisem das
minhas mãos,
tê-las-ei em oração para abrir e dar.
Quero fazer de cada tarefa uma oração,
de cada palavra – de cada pensamento – o Teu amor
para compartilhar.
Ainda que me veja com pecados sem fim,
encontrei o perdão,
porque carrego a cruz que talhaste para mim.
Penso, no final do dia,
em todas as graças que se entrecruzam no meu caminho.
Através das provas, da dor e da alegria, exclamo:
Onde estou, aí devo estar.
O meu caminho para a santidade é este!

O nosso caminho de santidade passa necessariamente pela fidelidade às muitas tarefas que a vida matrimonial exige. Temos de recordar *hoje* que dispomos de todo o tempo e dos meios necessários para que façamos o que Deus quer que façamos *hoje*.

Se não tirarmos os olhos de Cristo, organizaremos as nossas ocupações de tal modo que, sem deixar de pôr em primeiríssimo lugar as obrigações com o nosso cônjuge e com os filhos, encontraremos momentos em que cultivar os nossos atos de piedade e estar com as nossas amigas para ajudá-las a aproximar-se mais de Deus. Como afirma São Paulo: «Tudo posso nAquele que me dá forças» (Fil 4, 13).

Em resumo, qualquer dos problemas tratados anteriormente se resolve se mantivermos o olhar sempre fixo em Jesus, que nos chamou à existência, que nos deu o presente do nosso cônjuge, que nos permitiu imitá-lO no seu amor sacrificado, que O levou a dar a vida para que todos tivéssemos Vida e os casados gerássemos vidas.

Um dos dois insiste na contracepção

Temos a obrigação de seguir a doutrina da Igreja sobre a contracepção, independentemente de que os esposos estejam de acordo ou não. Trata-se de uma verdade objetiva, e não de um confronto de opiniões. Que opções há se o seu cônjuge insiste em usar anticoncepcionais?

Em primeiro lugar, você pode abster-se temporariamente do ato conjugal. Sem esquecer que o chamado «débito conjugal» é uma obrigação, explique o melhor que possa ao seu cônjuge que, pelo amor que lhe tem, não pode usar nenhum anticoncepcional, e que se trata de uma medida temporária, até encontrarem outra solução. Com isso, o que você faz não é impor-lhe um castigo por usar um anticoncepcional, mas evitar a sua participação num pecado.

Em segundo lugar, você tem a opção do planejamento familiar natural. Pode dizer com toda a segurança ao seu cônjuge que as possibilidades de engravidar serão menores do que se estivessem usando anticoncepcionais.

Em terceiro lugar, se o seu cônjuge a ameaça com ter uma aventura ou mesmo pedir o divórcio, você pode permitir um ato conjugal estéril para evitar um pecado maior. Segundo as instruções dadas aos sacerdotes pelo Conselho Pontifício para a Família, um fiel cristão pode ter relações com o seu cônjuge que converte voluntariamente o ato em infértil, quando se dão conjuntamente as seguintes condições:

AS OBJEÇÕES MAIS FREQUENTES

– que a ação do cônjuge cooperante não seja ilícita em si mesma;

– que haja motivos proporcionalmente graves para cooperar com o pecado do cônjuge;

– que se procure ajudar o cônjuge (pacientemente, com a oração, com a caridade, com o diálogo: não necessariamente nesse momento nem em cada ocasião) a desistir dessa conduta[6].

Há outra condição crucial: «Além disso, deve-se avaliar cuidadosamente a cooperação com o mal quando se recorre ao uso de meios que podem ter efeitos abortivos»[7].

Como dissemos antes, algumas formas de contracepção têm um aspecto abortivo: a pílula, Norplant, Depo-Provera e o DIU. Se o seu cônjuge quiser esterilizar o ato conjugal servindo-se de algum meio que possa significar tirar a vida do filho, você não pode colaborar. Explique-lhe que ele não pode pedir-lhe que vá contra a sua consciência ou contra a sua fé.

Num caso desses, marido e mulher devem esforçar-se por chegar a uma solução que siga os princípios do amor conjugal fiel, e fazê-lo com espírito de respeito e amor.

No documento *Evangelium vitae* (n. 74), João Paulo II trata deste ponto:

«Nunca é lícito cooperar formalmente com o mal. Esta cooperação tem lugar quando a ação realizada, ou pela sua própria natureza ou pela configuração que assume num contexto concreto, se qualifica como colaboração direta num ato contra a vida humana ou como participação na intenção imoral do agente principal».

---

(6) *Vademecum*, 3, 13.

(7) *Idem*, 3, 14.

PARTE V
A perda da vida: abortos, crianças que nascem mortas, infertilidade e esterilização

O aborto e crianças que nascem mortas

A perda de um filho a caminho

Poucos momentos da nossa vida podem comparar-se à profunda alegria de notar que concebemos um novo filho. Alegramo-nos juntos, marido e mulher; escolhemos o melhor momento para comunicá-lo às pessoas queridas; imaginamos os tempos que estão para vir.

Mas então vem uma pontada no coração, uma sensação de que alguma coisa não vai bem – e vem a hemorragia. Esperamos, observamos, rezamos; e então dói-nos a perda de uma criancinha que nunca conhecemos, que nunca tomamos nos braços e nunca veremos neste lado da eternidade.

A perda de um filho é uma experiência dolorosa. Apesar de serem tantas as famílias que sofreram ao menos um aborto, a tal ponto que se pode dizer que é uma experiência comum, trata-se de uma vivência intensamente pessoal:

«"Sofrer um aborto é realmente algo muito confidencial porque acontece de repente e com frequência em casa. [...]

Não há um certificado de óbito, nem consta em nenhum cartório que um filho, um filho vosso, alguma vez existiu", disse Jolynn Crouch, uma valorosa mulher que passou muitos abortos e filhos que nasceram mortos antes de converter-se em mãe de sete filhos»[1].

Vamos ver a seguir o que se pode dizer a uma família que perdeu um bebê.

«Sentimos muito a sua perda»

Quando não há um corpo que abraçar ou enterrar, as pessoas costumam subestimar a perda sofrida pelo casal, e isso aumenta-lhe a tristeza. Se nos solidarizarmos com essa perda, podemos aliviar o sofrimento desse casal.

Podemos manifestar compaixão sem termos experimentado pessoalmente esse gênero de perda. Jesus chorou junto do túmulo de Lázaro (cf. Jo 11, 35), embora soubesse que ia ressuscitá-lo da morte. Como Jesus, choramos com os que choram (cf. Rom 12, 15), mas não sofremos como quem não tem esperança (cf. 1 Tes 4, 13).

«Deu um nome ao bebê?»

Aos que perderam um filho a caminho, anima-os muito dar-lhe um nome. Faz com que essa vida seja mais concreta para os familiares. No meu caso, os nossos filhos consolaram-se de poderem referir-se pelo nome aos seus irmãos malogrados: Raphael, Noel Francis, Angelica Frances.

---

(1) «Silent Loss», em *Herald-Star* (Steubenville, Ohio), 2-5-1993.

Não é tarde demais para dar um nome ao bebê ou para sentir a sua perda, qualquer que seja o tempo que tenha transcorrido desde que ocorreu a perda. Uma avó telefonou a uma emissora de rádio em que eu tratava do tema dos abortos. Tinha sofrido um havia cinquenta e três anos, mas chorou ao contar a história. Tinha descoberto pouco tempo atrás que poderia curar-se do trauma, sem bloquear o sentimento, se lhe dava um nome.

«Como se sente?»

Não tocar no tema numa visita aos pais, com receio de reabrir-lhes uma ferida, pode fazer com que eles se sintam ignorados na sua dor. Uma mãe escreveu: «Estava grávida de vinte e duas semanas quando perdi o filho. Por fim, uma boa amiga ouviu-me e fez-me perguntas. Eu precisava desabafar, mas as pessoas estavam assustadas demais para dizer-me algo». Essa mãe agradeceu «que me perguntassem e me deixassem falar».

Um casal de Nassau, Nova York, sofreu uma perda repentina: «Tivemos uma filha maravilhosa que nasceu morta. O que mais nos ajudou foram as pessoas que nos visitaram imediatamente e nos transmitiram palavras de ânimo». Precisamos que haja quem reconheça a nossa imensa perda.

Uma mulher recém-casada que engravidou e, dois meses depois, teve uma hemorragia, contou o que aconteceu:

«Ninguém da minha família tinha perdido nunca um bebê; eu também não. Mas perdi-o. Não cheguei a sentir que se mexia dentro de mim, porque não era suficientemente grande. Não cheguei a ver a minha barriga crescer, porque não houve tempo, mas sempre soube que estava ali e amei-o.

«A minha mãe dizia-me: "Virão outros filhos". O que ela

não compreendia, e continua a não compreender, era que isso equivalia a dizer que cada de nós é substituível.

«Durante sete anos, não houve um dia em que não pensasse na minha filha. E ninguém parecia compreender a minha dor. Muitas vezes diziam-me: "Essa dor não tem razão de ser". Se era assim, não eram reais não só a minha dor e a minha perda, mas também a minha filha.

«Num grupo de oração, uma mulher perguntou-me se eu tinha algum filho. Respondi-lhe que tivera uma menina e a perdera, e ela disse-me: "Deus quer que você saiba que a sua filhinha está com Ele no céu". Ajoelhei-me naquele mesmo instante. Chorei intensamente, mas eram lágrimas de alegria. A minha filhinha não nascida era real; tinha uma alma e é uma pessoa; como não sentir a sua perda?»

Não é só a mãe que pode sofrer; o marido também sofre, ainda que o exprima de maneira diferente. Com frequência, deixa-se o pai de lado. Um deles, Chuck Lammert, engenheiro em St. Louis, manifestava assim a sua frustração:

«Perguntavam-me continuamente: "Como está a sua mulher?, como enfrenta a situação?" Mas ninguém me perguntava: "Como *você* está?"».

E outro pai, Michael Donnen, médico que dirige grupos de terapia para a dor em Seattle:

«Muitos de nós acabamos por evitar o tema. Refugiamo-nos no trabalho, em beber um pouco mais e ir pescar. A sociedade dá por assente que temos de ser fortes por causa das nossas mulheres; elas podem chorar por ambos.

«Mas é uma falácia, porque, se a mulher pode estar chorando, com frequência está também magoada... Será que ele não compartilha a sua dor? A taxa de divórcios entre casais que perderam um filho é significativamente maior que o normal»[2].

«O seu filho está com o Senhor»

Se o objetivo dos pais cristãos é que os filhos vão para o céu, então conseguiram-no com esse filho não nascido. Esse filho viverá para sempre. Temos dito com frequência aos nossos filhos: «Raphael, Noel Francis e Angelica Frances estão com o Senhor. Pretendemos estar junto deles, com a graça de Deus. Vocês, meninos, formam com eles e conosco uma família completa, de acordo?»

O céu nunca voltará a ser o mesmo. Lembro-me de como fiquei abalada quando o meu primeiro ser querido morreu; tinha morrido uma parte de mim mesma. O céu passou a ser-me mais querido porque uma parte de mim já estava lá.

Embora os planos que tínhamos para esse filho fossem maravilhosos, Deus tinha um plano melhor. Diz São Paulo (Rom 8, 28): «Sabemos que todas as coisas cooperam para o bem dos que amam a Deus, dos que são chamados segundo o seu desígnio». Embora não possamos compreendê-lo de imediato, continua a ser verdade. Pedimos a Deus que nos faça compreender a graça que significam tais tragédias.

Susan Erling escreveu um poema após a morte da sua filha não nascida:

Só naquelas poucas semanas

Durante aquelas poucas semanas...
tive-te comigo.
E parece-me muito pouco tempo
para que me mudasse profundamente.

---

(2) «Silent Loss».

Naquelas poucas semanas...
cheguei a conhecer-te...
e a amar-te.
Puseste a tua vida em minhas mãos.
Oh, que vida tinha preparado para ti!

Só naquelas poucas semanas...
Quando te perdi,
perdi uma vida de esperanças,
planos, sonhos e aspirações.
Uma parte do meu futuro simplesmente desvanecida
durante a noite [...]

Estiveste só naquelas poucas semanas, minha pequena.
Entraste e saíste da minha vida demasiado cedo.
Mas parece que era todo o tempo de que precisavas
para fazer a minha vida muito mais rica
e dar-me um vislumbre da eternidade.

Reconforta-nos saber que a vida desse filho não foi truncada: o salmista diz que o Senhor tem contados os dias do filho não nascido (cf. Sal 138, 16). Havia motivos para a curta vida desse filho, e houve motivos para a sua morte.

E isso não é tudo, porque, para a nova fase da vida desse filho ou filha, que continuará a viver por toda a eternidade, Deus também tem um plano.

A comunhão dos santos

Penso que sou uma esposa e uma mãe diferente pela intercessão dos meus filhos não nascidos.

Uma mãe de San Diego, que tivera sete abortos e uma gravidez extrauterina (só tinha uma trompa) escreveu que o que mais a ajudou a não sentir o coração desfeito foi o comentário do seu diretor espiritual: «Agora pode estar certa de que tem um monte de filhos que rezam por você no céu».

Uma das minhas irmãs e o seu marido perderam oito dos quinze filhos que tinham concebido. Como enfrentaram essa perda tão grande? Kari, a minha irmã, cita São Mateus 6, 19-21:

«Não amontoeis tesouros na terra, onde a traça e a ferrugem os consomem e os ladrões furtam e roubam. Amontoai tesouros no céu, onde nem a traça nem a ferrugem os consomem, e os ladrões não furtam nem roubam. Porque, onde está o teu tesouro, lá está também o teu coração».

E Kari conclui: «Os filhos são o único tesouro que podemos ter no céu».

Marian e a sua irmã cuidaram da mãe durante os últimos dias da vida dela (dera à luz oito filhos e tivera sete abortos). Quando estava para morrer, continuava a perguntar às suas filhas: «Vocês não os ouvem cantar? Eu posso ouvi-los. Os bebês estão cantando para mim». Apesar de o mundo poder pensar que a atitude dessa mulher era absurda, por ter-se arriscado tanto, o seu testemunho quando estava para deixar este mundo era que se ia reunir com os que a tinham precedido para gozar com eles para sempre da posse do Senhor no céu.

Quando tive o primeiro aborto, no dia 22 de janeiro de 1989 (devido a uma gravidez extrauterina e a uma hemorragia interna durante três dias, provavelmente causada por uma ruptura), acordei da cirurgia com uma dor terrível. O médico entrou e disse-me que tinha encontrado uma bolsa na trompa e que a tinha batizado antes de extirpá-la.

Senti-me tão só! Ninguém dentro de mim e ninguém

no quarto. Scott ficara em casa com os nossos três filhos pequenos. Enquanto chorava, o Senhor trouxe-me à mente Hebreus 12, 1-2, onde se fala de que «estamos rodeados de uma nuvem de testemunhas». E de repente percebi que não estava só e que o quarto estava cheio de gente. Estava Jesus. E estavam os santos que tinham partido antes de mim. E não estavam como observadores silenciosos, mas como torcedores num estádio, que animam os corredores a ganhar a medalha de ouro. Torciam por mim!

Pela primeira vez entendi a doutrina da Igreja sobre a comunhão dos santos, entre os quais se incluía um novo torcedor, o meu filho amado.

Quando fomos em peregrinação à Terra Santa, visitamos o Horto de Getsêmani. Há lá uma bela igreja construída na rocha em que se acredita que Jesus rezou e suou gotas de sangue antes de morrer na cruz. Levei comigo a dor do terceiro aborto que tivera seis semanas antes.

Enquanto meditava na agonia de Jesus, lembrei-me de uma profecia messiânica: «Ele tomou sobre si as nossas enfermidades e carregou com os nossos sofrimentos» (Is 53, 4). Parte do significado da Encarnação é que Jesus não só carregou o nosso pecado como assumiu a dor dos nossos sofrimentos. Enquanto chorava nessa preciosa rocha, o Senhor curou a minha dor[3].

---

(3) Quando os abortos se repetem sucessivamente, é necessário procurar ajuda médica. Debbie, que tinha abortos uns atrás dos outros, como muitas outras mulheres, foi classificada como «mulher que aborta habitualmente». Os médicos aconselharam-na a não ter mais filhos, mas não lhe ofereceram nenhuma ajuda. Ela e o marido não se conformaram e procuraram outros médicos, até que entraram em contato com o Dr. Thomas Hilgers, que, depois de examinar umas análises de sangue, diagnosticou que o problema se devia à falta de progesterona. Com o tratamento a que se submeteu, Debbie parou de sangrar durante a nova gravidez e, passadas seis semanas, teve um filho saudável – um bebê «milagre» –, graças a Deus.

O ABORTO E CRIANÇAS QUE NASCEM MORTAS   217

Escrever os pensamentos, sentimentos e orações

Registrar num diário os pensamentos, sentimentos e orações que ajudaram o casal a suavizar o sofrimento pode ser um meio eficaz de refazer-se do baque. É uma grande bênção reler um diário e ver com clareza a mão divina que nos guia. Karen Edmisten expressou a sua oração num poema.

Fiat («Faça-se»)

Disseste que nós
teríamos um filho.
E eu, com amor, recebi uma nova vida
e sorri
com cada onda e maré
das vertigens matutinas.
Envolvi-me nesse
milagre por vir.
«Por Ti, Senhor», disse,
e ofereci cada pequeno incômodo
como um presente para Ti,
sem comparação com o presente da vida
que Tu me davas.
E depois cambaleei,
inconsciente e tremendo
ante a morte do meu bebê.
Estava abandonada.
Nasceu a ira em mim e construí um arrazoado
contra os sinais mal interpretados da Graça.

Estava tão enganada!
«Aqui há um filho», disseste,
e assim o pensei.
Mas os meus braços estão vazios, desesperançados.

Não resta nada
da minha confiança
quando escuto a tua Voz.
Como posso confiar quando estava tão enganada?
Como serei forte de novo?
Paro e volto-me para Ti,
ó antiga Beleza sempre nova...
Peço-te, meu mais confiado e querido Amor,
uma resposta, algum alívio,
um sinal do alto.
Há um silêncio,
e as minhas lágrimas...
Lágrimas do amor dorido de uma mãe.

Então, na tua generosidade,
no teu Amor envolvente,
abraças-me e falas.
As palavras do alto
fluem através do vaso terrenal.
Um homem de Deus
escuta-me
e diz-me que posso – que devo –
atrever-me a confiar, porque *tudo é como deve ser.*
Este mistério que é o meu filho
está nas tuas mãos,
no teu Sagrado Coração.
O papel que eu desempenho
é o de ceder e ser livre.

Quando torno a parar
para rezar,
«Basta-te a minha graça»,
dizes,
«porque o meu poder
se faz perfeito na fraqueza».

O ABORTO E CRIANÇAS QUE NASCEM MORTAS 219

Ouço as palavras uma vez e outra
na minha mente,
como um disco que esquecemos de tirar...
Penetram
no coração da minha dor
e não me deixam outra saída
senão ajoelhar-me
e oferecer-Te o meu filho.

Ó Senhor, cura o meu coração
dorido e gasto,
aperfeiçoa-me na minha fraqueza,
é a minha Pérola de grande valor.
Ainda que Ta ofereça, Senhor,
imperfeita e pobre,
a minha vida é tua.
Que a tua graça me baste»[4].

Que oração tão impressionante!

_____

(4) Reproduzido com autorização de Karen Edmisten.

A infertilidade

Muitos de nós damos por assente que conceberemos no momento em que deixemos de adiar a gravidez. Mas às vezes temos de esperar uns meses, ou vários anos, ou mais. Pode dar a impressão de que todas as esposas à nossa volta engravidam, enquanto nós esperamos por trás do pano de boca. Isto pode converter-se num caminho de sofrimento, caracterizado pela tristeza, pelo mau humor, pela discussão ou pela depressão.

A infertilidade permanente

Quando se considera que a infertilidade de um casal é permanente? Além das provas que confirmam a esterilidade, não há antes do começo da menopausa um tempo determinado que leve a concluir que um casal tem uma infertilidade permanente. Apesar de a infertilidade poder durar anos, continua a haver a esperança de que no próximo ciclo se possa conceber.

Embora haja o risco de ofender os que pensam que uma mulher com filhos não deveria tratar deste tema, por não ter experimentado a tensão e o sofrimento que acompanham a infertilidade, quero compartilhar a este respeito os meus pensamentos, colhidos de outros que lutaram intensamente contra a infertilidade (primária, se nunca se conseguiu uma gravidez, ou secundária, depois da vinda de um filho). Assim poderemos cuidar melhor dos nossos irmãos e irmãs que se encontram nessa situação.

A infertilidade temporária

Conceber o nosso primeiro filho custou-nos apenas nove meses de tentativas, mas como foi duro! Era como se a data do casamento fosse sendo adiada de mês para mês. As minhas esperanças aumentavam no momento da ovulação. Esperava as duas semanas. Depois vinha o período, e era como se o meu pai me repetisse o que me dissera por ocasião dos adiamentos do meu casamento: «Querida, não sei se este mês é o melhor para que vocês se casem. Vou pensar nisto, e depois digo-lhe».

«A esperança retardada faz adoecer o coração» (Prov 13, 12). Às vezes, a minha decepção parecia-se com essa doença do coração. De qualquer modo, as minhas esperanças ressurgiam uma vez mais, pensando que este poderia ser o mês em que meu Pai celestial dissesse «sim». E volta a começar.

Atualmente, nos Estados Unidos, um de cada cinco casais sofre de infertilidade temporária.

Normalmente, um casal tem de esperar um ano antes de consultar o médico sobre a sua infertilidade. De qualquer modo, há fatores de diversos gêneros que podem provocá-la. Embora não seja especialista neste tema, quero tratar desses fatores conforme aprendi, para que possam servir de ajuda aos que precisarem.

Fatores internos

Entre as causas internas de infertilidade nas mulheres, incluem-se: falta de certas vitaminas e minerais que poderiam favorecer o sistema reprodutivo da mulher; baixo rendimento das tiroides; insuficiência de sal iodado; mucosa cervical que reage ao esperma, em vez de colaborar com ele; falhas na ovulação e hipertiroidismo. Aqui vão alguns conselhos de autoajuda, que não dispensam de receber atenção médica o mais cedo possível, especialmente por parte de médicos *pró-vida*.

Vejamos alguns conselhos que dá Marylin Shannon, no seu livro *Fertility, Cicles and Nutrition*, para melhorar o regime alimentar: sal iodado de mesa, tomar a quantidade certa de azeite para melhorar as irregularidades dos ciclos e o aspecto da mucosa cervical. Influem positivamente a vitamina A, todas as vitaminas B, a vitamina E, o zinco e o selênio, sobretudo no que diz respeito ao equilíbrio hormonal, à endometriose e aos problemas de tiroides.

Pode tratar-se de um problema de peso. Há mulheres que talvez tenham de ganhar uns quilos para terem ao menos 20% de gordura corporal. Outras podem ter problemas de sobrepeso, de excesso de gordura em relação aos seus músculos.

Entre os problemas físicos que afetam os homens, encontram-se: a falta de testosterona e espermatozoides com pouca saúde e mobilidade. Recomendam-se a vitamina A, o zinco e o selênio para fortalecer em geral a saúde e também a fertilidade. A vitamina C é vital para a produção de testosterona e para a fertilidade do homem[1].

---

(1) Marylin M. Shannon, *Fertility, Cycles and Nutrition*, Couple to Couple League, Cincinnati, Ohio, 1990.

É necessário consultar o médico para descobrir o nível ótimo das diversas vitaminas e minerais para fortalecer a fertilidade.

Fatores externos

Entre os fatores externos que aumentam a possibilidade de infertilidade em homens e mulheres, contam-se a cafeína, o álcool, determinados medicamentos, as toxinas daninhas no lugar de trabalho e o cigarro. A sensibilidade à luz durante a noite pode influir nas mulheres. A sensibilidade ao calor do escroto masculino pode afetar o desenvolvimento do esperma. A própria força da gravidade pode ser um fator negativo.

Notou-se uma melhora nas mulheres que reduziram o consumo de café a uma xícara por dia, e nos homens a seis xícaras[2].

O álcool diminui os níveis de testosterona e, tomado com exagero, contribui para uma menor produção de espermatozoides, *que pode ser irreversível*[3].

Alguns remédios contra os resfriados e as alergias reduzem a mucosa das vias nasais e têm um impacto no muco cervical. Deve-se perguntar ao médico se os remédios que prescreveu podem afetar a fertilidade.

É preciso averiguar com o médico se as toxinas a que se está exposto no lugar de trabalho não interferem na fertilidade. Se for assim, é conveniente pedir um outro local para trabalhar.

Um estudo governamental mostrou que os fumantes

(2) *Idem.*
(3) *Idem.*

A INFERTILIDADE 225

homens estão «50% mais predispostos a sofrer de impotência do que os não fumantes». Nas mulheres, o fumo pode provocar períodos de infertilidade mais prolongados do que nas não fumantes, especialmente se se começou a fumar antes dos dezoito anos. Além de que, se você está grávida, não vai querer filtrar a nicotina através do corpinho do bebê.

Nas mulheres, a luz à noite – do quarto, do banheiro, das lâmpadas de noite e mesmo do despertador digital – pode interferir nas horas de escuridão de que elas precisam para ter um sono profundo. Já os homens são sensíveis ao calor. Os espermatozoides demoram uns setenta dias a amadurecer antes de pôr-se em movimento. Armazenam-se no escroto, que tem a capacidade de ajustar-se mais ao corpo quando falta calor e de afastar-se do mesmo quando o calor é demasiado.

Sem pensar, muitas mulheres tomam banho depois do ato conjugal. Infelizmente, isso faz com que a gravidade atue contra os espermatozoides que procuram alcançar o óvulo. Mas pode-se controlar a gravidade se a seguir a mulher eleva os quadris colocando uma almofada por baixo das costas durante quinze ou trinta minutos.

Os estudos que encontrei aconselhavam a realizar o ato conjugal noite sim, noite não, porque assim a quantidade de esperma pode ser maior.

Kippley recomenda que se tenha um segundo coito quarenta e cinco minutos depois do primeiro:

«Conforme parece, em alguns homens, a primeira ejaculação abre o caminho, por dizê-lo assim, e o segundo liberta o esperma em maior quantidade que o primeiro. É o contrário do que acontece com os homens de fertilidade normal. Ou pode ser que o sêmen da primeira ejaculação tenha espermatozoides mais antigos ou mais lentos que os da segunda»[4].

Fatores sociais

Entre os fatores sociais, incluem-se o atraso em ter filhos e a promiscuidade.

Ter os filhos tarde pode dever-se a que o casal se casa quando os dois já têm certa idade, ou que o marido espera até firmar-se na carreira profissional ou comprar uma casa. É preciso ter em conta este dado:

«Para evitar frustrações, aconselha-se os casais a não adiarem demais a decisão de ter o primeiro filho. O ponto de máxima fertilidade, tanto para o homem como para a mulher, vai-se distanciando gradualmente depois dos vinte e cinco anos. O uso de qualquer contraceptivo durante esse período pode levar um casal que nunca concebeu a perder a oportunidade quando, sem o saber, tem uma fertilidade potencial menor»[5].

Outra consequência do adiamento de ter filhos pode ser a endometriose:

«A endometriose causa infertilidade num terço das mulheres que dela padecem; os especialistas às vezes chamam à endometriose a doença da mulher que faz carreira»[6].

---

(4) Kippley, *Art.*

(5) Christine de Stoop, *Contraception: The Hidden Truth*, Castel Hill, Austrália, 2000.

(6) Kippley, *Art.*

A INFERTILIDADE 227

É uma doença muito dolorosa. Frequentemente, a sua gravidade diminui com a gravidez. De qualquer modo, a infertilidade que pode provocar tem o efeito de fazer com que a doença seja ainda mais dolorosa. Seria como acrescentar um insulto ao dano.

A promiscuidade pode ter um papel na infertilidade:

«O aborto, o DIU, a pílula, as doenças sexualmente transmissíveis e as relações sexuais prematuras e promíscuas podem reduzir a fertilidade e mesmo causar esterilidade permanente. O DIU pode causar esterilidade pela cicatrização da inflamação do útero e da pelve; a pílula pode tornar a mulher infértil durante meses depois de deixar de tomá-la; a clamídia e a gonorreia estão entre as doenças que podem deixar uma mulher estéril para sempre»[7].

Estas podem ser as tristes consequências de um estilo de vida pré-cristão.

Há ajudas disponíveis

Há recursos disponíveis para lutar contra a infertilidade, que é uma circunstância física e não psicológica. Baseiam-se na investigação científica e respeitam a doutrina católica.

O Dr. Thomas Hilgers e os seus sócios do Instituto de Reprodução Humana Paulo VI desenvolveram o *Creigton Model Fertility Care System*, definido como uma ciência que dedica as suas pesquisas e atenção médica, cirúrgica e sanitária a cooperar com os sistemas naturais de procriação. O sistema pode ser usado para avaliar as descargas crônicas,

(7) *Ibid.*

228 KIMBERLY HAHN

proceder a um tratamento hormonal dirigido, identificar os cistos no ovário (e tratá-los sem cirurgia), avaliar os efeitos do estresse, tratar a tensão pré-menstrual, bem como a infertilidade, a gravidez ectópica, os filhos nascidos mortos, os partos prematuros, as hemorragias não usuais[8].

Em vez de oferecer um tratamento médico que poderia prejudicar ou alterar o ciclo da mulher, este método é usado em cooperação com esse ciclo.

No livro *The Art of Natural Family Planning*, John e Sheila Kippley descrevem duas provas médicas que são lícitas para os católicos: o Teste de Hunner e a camisinha perfurada. A primeira prova consiste em recolher da mulher o esperma do marido. E a camisinha perfurada, sem impedir que o esperma passe, permite que a parte que fica na camisinha possa ser recolhida para análise.

Independentemente de que se venha a descobrir ou não a causa da infertilidade, é preciso manter o coração unido ao Senhor e ao cônjuge. Assim, marido e mulher enfrentarão com paciência as canseiras que provocam as consultas constantes ao médico, as dietas, as estratégias, as provas a que é preciso submeter-se.

Ter um filho é um desejo legítimo, mas não é um direito

Muitas pessoas não sabem que a Igreja tem diretrizes sobre quais os procedimentos médicos de diagnóstico e tratamento da infertilidade que são aceitáveis. O matrimônio é o âmbito correto para conceber um bebê. «No entanto, o

---

(8) Pope Paul VI Institute, *Creighton Model Fertility Care System*, 14-11-2001.

A INFERTILIDADE

matrimônio não confere aos cônjuges o direito de ter um filho, mas apenas o direito de realizar os atos naturais que *de per si* se ordenam para a procriação»[9].

Costuma-se dar por descontado que, como a Igreja anima os casados a ter filhos, é lícita qualquer medida que permita tê-los. Mas não é assim. O ensinamento da Igreja insere-se no contexto mais amplo do sentido e significado do ato conjugal como ato integral, que respeita portanto a dignidade do marido e da mulher. Este é o motivo pelo qual pode haver, com relação à infertilidade, providências médicas que sejam lícitas e outras não.

O ato conjugal deve permanecer como um todo. Não podemos usar da contracepção, porque separa o aspecto procriador do aspecto unitivo. Também não podemos separar o aspecto unitivo do procriador, recolhendo sêmen ou óvulos para a inseminação artificial, quer do marido e da mulher, quer de um doador.

«As técnicas que provocam uma dissociação da paternidade pela intervenção de uma pessoa estranha aos cônjuges (doação do esperma ou dos óvulos) são gravemente desonestas. Estas técnicas (inseminação e fecundação artificiais heterólogas) lesam o direito do filho de nascer de um pai e uma mãe conhecidos dele e ligados entre si pelo matrimônio. E atraiçoam "o direito exclusivo de não ser pai nem mãe senão um pelo outro" (Instr. *Donum vitae* 2, 1)[10].

«Praticadas no seio do casal, estas técnicas (inseminação e fecundação artificiais homólogas) são talvez menos prejudiciais, mas continuam a ser moralmente inaceitáveis. Dissociam o ato sexual do ato procriador. O ato criador da exis-

---

(9) Instr. *Donum vitae*, II, 8.

(10) *Catecismo da Igreja Católica*, n. 2376.

230   KIMBERLY HAHN

tência da criança deixa de ser um ato pelo qual duas pessoas se dão uma à outra»[11].

A Instrução *Donum vitae* (II, 5) acrescenta esta objeção:

«Confia-se a vida e a identidade do embrião ao poder dos médicos e dos biólogos, e instaura-se um domínio da técnica sobre a origem e o destino da pessoa humana. Semelhante relação de domínio é em si contrária à igualdade que deve ser comum a pais e filhos».

É importante que os sacerdotes ensinem esta verdade, mesmo que custe às pessoas ouvir que não podem lançar mão de algumas técnicas disponíveis quando a dor pela sua infertilidade é tão grande.

Uma mulher recorda a situação da sua irmã:

«Minha irmã não era capaz de conceber por meios "normais" devido a uma grave endometriose. Conhecia a doutrina da Igreja sobre a fecundação *in vitro*, mas o pároco animou-a a utilizá-la porque – disse – nessas circunstâncias era lícita. A minha irmã assentiu, porque afinal de contas o filho seria dela e do seu marido.

«Procurei que considerasse na sua consciência o problema de todos os embriões que tinham sido fertilizados: dez da primeira vez e sete da segunda, com dois congelados agora! Perguntei-lhe como se sentia – para torná-la consciente de que todos eram seus filhos – e que aconteceria com os congelados. Tem gêmeos da segunda tentativa, e não está segura de que voltará a recorrer à fecundação *in vitro*.

«Sei que algum dia precisará de consolo. É simplesmente vergonhoso que agora possa sentir-se justificada porque

---

(11) *Catecismo da Igreja Católica*, n. 2377.

A INFERTILIDADE 231

um representante da Igreja lhe disse que era correto. Deveria haver coerência nos sacerdotes, que são os únicos por quem recebemos a doutrina da Igreja».

Os filhos não são um direito dos pais, mas um presente. Se alguém tem esse direito, é a criança, que tem o direito de ser concebida no seio do matrimônio e no abraço marital[12].

---

(12) Cf. Instr. *Donum vitae*, II, 8.

A esterilização

Certa vez, depois de ter dado uma palestra sobre o tema da doutrina da Igreja acerca da abertura à vida, um homem aproximou-se e disse-me: «Sei que a Igreja se opõe ao controle da natalidade, mas é contra a esterilização?» (tinha feito vasectomia). Tinha de responder-lhe honestamente. Se esterilizar um só ato conjugal é um pecado grave, muito mais a esterilização completa!

No Antigo Testamento, um homem estéril não podia participar do culto público: «Não será admitido na assembleia do Senhor um homem cujos órgãos genitais tenham sido esmagados ou amputados» (Deut 23, 1). Era uma situação vergonhosa. Hoje, os homens (e as mulheres) dizem com orgulho que se esterilizaram como se tivessem feito uma coisa boa.

A doutrina da Igreja

O *Catecismo* não deixa margem a dúvidas:

«Excetuados os casos de prescrições médicas de ordem estritamente terapêutica, as *amputações, mutilações ou este-*

234 KIMBERLY HAHN

rilizações diretamente voluntárias de pessoas inocentes são contrárias à lei moral»[1].

A esterilização é uma amputação do corpo[2]. Que outra parte do nosso corpo nos ocorreria mutilar por não querermos servir a Deus com ela: as mãos, os pés, as pernas?

«Toda esterilização que [...] tenha por único efeito imediato incapacitar a faculdade reprodutiva de procriar deve ser considerada esterilização direta [...]. Portanto, segundo a doutrina da Igreja, está totalmente proibida, não obstante qualquer boa intenção subjetiva de curar ou prevenir um mal físico ou psíquico previsto ou temido como resultado de uma gravidez»[3].

O ensinamento é claro.

O Dr. Joseph Stanford descrevia a sua preocupação com a facilidade com que se pratica a esterilização. «Quanto à esterilização, também me dei conta de que a fertilidade é parte da saúde, e portanto que há algo de fundamentalmente contraditório em submeter-se a uma operação para eliminar uma função sã e essencial do corpo»[4].

Às vezes, as pessoas encaram a doutrina da Igreja como se a obediência fosse algo opcional. Em alguns casos, os próprios hospitais administrados por instituições católicas têm

---

(1) *Catecismo da Igreja Católica*, n. 2297. O itálico é do original.

(2) A esterilização da mulher faz-se mediante a laqueadura das trompas, que impede o óvulo de passar pelas trompas, ou mediante a histeroctomia, em que se extirpam os órgãos reprodutivos da mulher. A esterilização do homem faz-se mediante a vasectomia, que incapacita os vasos deferentes de dar passagem aos espermatozoides.

(3) Congregação para a Doutrina da Fé, *Resposta sobre a esterilização em hospitais católicos*, 13-3-1975, n. 1.

(4) Joseph Stanford, M.D. «My Personal and Professional Journey With Regard to Moral Issues in Human Procreation», em *Physicians Healed*.

uma posição semelhante. A eles se dirige a mencionada resposta dada pela Congregação para a Doutrina da Fé:

«A aprovação oficial da esterilização direta, bem como a sua execução de acordo com as normas do hospital, é pela sua própria natureza – quer dizer, intrinsecamente – um pecado objetivo. Nada pode justificar que um hospital católico coopere para isso».

Seguem esta diretriz os administradores dos hospitais católicos?

A pressão social

É considerável a pressão social em favor da esterilização. Às vezes, a recomendação vem do ginecologista ou até das enfermeiras do consultório ou do hospital.

Mary, de Nova York, afligiu-se com as enfermeiras que lhe recomendavam a esterilização depois de ter o quarto bebê. Resistiu e, quando engravidou pela sétima vez, foi consultar o médico e fez uma recomendação à enfermeira que veio tomar-lhe a pressão, conforme relata: «Fiquei nervosa e, logicamente, a pressão subiu. Nas consultas seguintes, passei a trazer um broche que dizia: "Tome-me a pressão sanguínea, mas não fale"».

Às vezes, faz-se a pergunta ao casal na própria mesa do parto. Uma mãe conta: «Quando tive o nosso quarto filho, fizeram-me uma cesariana. O médico disse: "Tenho a sua trompa aqui mesmo (só tenho uma trompa). Vou extirpá-la". Disse-lhe: "Deixe a minha trompa em paz"». Agora é mãe de doze filhos.

Para algumas pessoas, o medo das consequências, e não tanto as convicções, é suficiente para afastá-las de uma decisão permanente. Rachel lembra-se de uma conversa com o marido:

«Falou-me de fazer vasectomia, mas "esqueceu-se" de ir ao médico. Justificou-se dizendo que seria uma medida permanente demais e que éramos muito jovens (eu tinha vinte e oito anos e ele vinte e seis). Também já sabíamos que eu padecia de esclerose múltipla, e Matt, com visão de futuro, disse-me uma noite, carinhosamente, que não queria fazer a vasectomia: "Rachel, você tem esclerose múltipla. Pode morrer, e eu talvez me case de novo, e a minha nova esposa poderia querer ter filhos". Foi maravilhoso».

Às vezes, a pressão vem da esposa. Sue escreveu:

«Ardie esterilizou-se, sobretudo porque eu insisti, pois parecia-me que *eu* já tinha dado a minha cota de "dor e esforço" e já havíamos "cumprido" com os três filhos que tínhamos; de modo que agora era a vez dele.

«Mas quando abri o meu coração a Deus e compreendi o meu erro, vi a necessidade de fazer marcha-à-ré. Fiz comentários indiretos e rezei insistentemente para que Ardie se convencesse da verdade da doutrina da Igreja.

«Enquanto preparava uma palestra para um retiro da paróquia sobre o cuidado amoroso de Deus-Pai quando corrige, Ardie teve uma experiência que lhe abriu os olhos. Lembrou-se de que, quando era crescidinho e fazia alguma coisa malfeita, seu pai se limitava a dizer-lhe que lhe tinha dado um desgosto. E Ardie fazia o possível para corrigir o erro e voltar a ter o apoio do pai. Percebeu então como tinha dado um desgosto ao seu Pai do céu e quis fazer tudo o que pudesse para recuperar a sua graça. E reverteu a esterilização.

«Isto foi há três anos e meio. Desde então, tivemos um filho e estamos à espera do segundo. A reversão da vasectomia trouxe às nossas vidas a graça de Deus».

As companhias de seguros de saúde acrescentam a sua pressão sutil. Uma delas, por exemplo, cobre os gastos da gravidez e do parto, e inclui os anticoncepcionais, a esterilização voluntária e o aborto, mas exclui a reversão da esterilização voluntária.

Há quem pense que, pelo bem da sociedade, haveria que esterilizar as pessoas com anomalias físicas ou mentais. A Igreja fala claramente sobre este ponto:

«A esterilização procurada por si mesma não está orientada para o bem integral da pessoa devidamente entendido, "na observância da reta ordem das coisas e dos bens", porque é contrária ao bem moral da pessoa, que é o bem mais elevado, pois priva de um elemento essencial a atividade sexual prevista e livremente escolhida»[5].

As consequências a longo prazo

Refletindo sobre a sua vida, uma mulher de cinquenta anos reconheceu que a esterilização tinha sido um dos seus passos mais errados:

«Aos vinte anos, tive uma filha sendo solteira. Casei-me com outro homem aos vinte e dois e sempre utilizei a contracepção porque nunca superei realmente o sentimento de ter dado a minha filha em adoção: a gravidez seria para mim culpa e dor. Quando, oito anos depois, a situação começou a cambalear na nossa vida conjugal, liguei as trompas. O divórcio veio pouco depois.

---

(5) Congregação para a Doutrina da Fé, *op. cit.*, n. 1.

«Vários anos mais tarde, obtive uma declaração de nulidade e o meu atual marido e eu voltamos à Igreja e aos sacramentos. Quando cresci espiritualmente, pude perceber como tinha sido errônea a esterilização, mas tinha quarenta anos e não foi possível revertê-la. Foi a pior decisão da minha vida e só me resta agora fazer o possível para ajudar os outros e confiar na grande misericórdia divina».

Outro casal vê de modo parecido as consequências negativas que a vasectomia teve para a sua família:

«Agora que passaram vinte anos, vejo claramente o dano: quando o esperma foi eliminado do ato, os hormônios desequilibraram-se. O desejo do meu marido diminuiu e o meu também. As relações sexuais passaram a ser mínimas. Os nossos filhos não viram mais gravidezes e contagiaram-se com a mentalidade de controle da natalidade. São seis e todos tiveram relações sexuais antes do casamento..., embora eu lhes tivesse ensinado em poucas palavras que não era correto. Três deles divorciaram-se. Penso que tudo se deveu ao mau uso da nossa sexualidade e à vasectomia».

São consequências dolorosas, e a dor aumenta quando um dos esposos não quer esterilizar-se, mas o outro procura-o diretamente[6].

---

(6) Para as mulheres, os riscos da laqueadura são: em muitos casos, o agravamento do mal-estar ocasionado pela menstruação; dores fortes durante o período menstrual; ciclos mais longos ou irregulares; hemorragias uterinas que podem perdurar durante anos; ausência de ovulação; infecções; produção anormal de hormônios; dor durante o ato sexual; dores na pelve; câncer cervical; desequilíbrios hormonais; cistos ou tumores no ovário; endometriose; desequilíbro emocional (cf. Couple to Couple League, «Tubal Ligation: Some questions and Answers»).

Já nos homens, os riscos mais comuns da vasectomia são: tromboflebite e embolia pulmonar; infecções na próstata, no epidídimo, rins, sangue, válvulas do coração; formação de abscessos no fígado; infecções de pele; vulnerabilidade a

A ESTERILIZAÇÃO

«Depois do nosso terceiro filho, Jay fez vasectomia. Afinal, outros amigos católicos a tinham feito depois do segundo filho, e nós tínhamos três!

«Isso partiu-me a alma, mas procurava não mencioná-lo e estava muito envergonhada. Por quatro anos, tive um vestidinho de bebê numa prateleira do meu armário e, quando o via, rezava para que Jay mudasse de coração. Ele vinha lendo *Todos os caminhos levam a Roma*[7], e juntos estudávamos intensamente os ensinamentos da nossa fé.

«Em fevereiro de 1995, Jay teve uma hérnia. Depois de voltarmos do médico, não acreditei no que me saiu dos lábios: "Quando você se operar, não poderia reverter a sua vasectomia?" Consultado, o médico disse que ele não podia fazê-lo na mesa de operações, mas podia chamar outro médico que o fizesse.

«Fomos à Missa e agradecemos a Deus pela oportunidade de reconduzir Jay ao caminho que Deus tinha para ele e pela sua infinita paciência e perdão para conosco.

«John Luke, o nosso quarto filho, nasceu em 25 de abril de 1996. Pesou quase quatro quilos, e é um sinal da misericórdia de Deus para com Jay e para comigo».

Uma mãe «abençoada», como ela chama a si própria, conta-nos a sua história:

«Depois do meu quinto filho, fiz uma laqueadura de trompas (era muito nova para ter tantos filhos e o meu marido viajava muito e deixava-me sozinha em casa), mas pouco

---

doenças autoimunes; distúrbios do sono; esclerose múltipla; enxaqueca e dores de cabeça similares; hipoglicemia e diabetes; desequilíbrios emocionais; alterações na função sexual; pedras nos rins; tumores e câncer (especialmente na próstata) (cf. Campbell, *Change*, págs. 2 e segs.).

(7) Publicado em português pela Diel, Lisboa (N. do T.).

a pouco comecei a pensar, cheia de arrependimento, numa possível reversão. Falei com diversas pessoas, rezei um pouco mais, mas só soube que devia fazê-la quando o nosso segundo filho, Bryan, morreu de câncer aos dez anos e meio. A minha decisão não se deveu ao desejo de substituir o filho que tinha perdido, mas de corrigir o meu erro, de voltar a ser íntegra. Se não tivéssemos mais filhos, muito bem: seria a vontade de Deus, não a nossa. Seis meses depois, estava grávida do nosso sexto filho e em 17 de maio tivemos a nossa filha, Paige Elizabeth».

Devido aos altos custos da reversão e ao possível risco físico, a Igreja não exige que se desfaça a operação para restabelecer a relação com Deus, mas pede arrependimento. É compassiva e misericordiosa quando vê que o nosso arrependimento é de coração.

Uma forma de manifestar a sinceridade do arrependimento é praticar o PFN depois da esterilização. Nestes casos, a abstenção nos dias férteis evita que o casal *goze* dos benefícios do seu pecado, ainda que perdoado em confissão.

Um casal quinquagenário conta:

«Pensamos em desfazer a esterilização, mas era tarde demais. Como forma de reparação, passamos a não ter relações nos dias férteis, porque pensamos que era o mínimo que podíamos fazer: antes tarde do que nunca».

Um casal da Califórnia também quis fazer mais do que arrepender-se:

«Já tínhamos recorrido à Confissão e sabíamos que não tínhamos obrigação de reverter a operação. Como teríamos que pagá-la nós mesmos, já que o nosso convênio não cobria essa cirurgia, começamos a viver o PFN, abstendo-nos de

A ESTERILIZAÇÃO 241

acordo com os meus ciclos, etc. Nesse meio tempo, Richard teve uma angina de peito e acabaram por operá-lo e colocar-lhe um duplo *by-pass*.

«Comecei a ter medo de outra operação para reverter a esterilização, mas o meu marido manteve-se firme e, depois de passar o tempo de recuperação, foi operado no dia do seu aniversário, 7 de janeiro. Coisas de Deus.

«Isto foi há cinco anos. Richard tem cinquenta anos e eu quase quarenta e sete. Estamos casados há vinte e dois anos. Temos quatro filhos, nenhum depois da operação..., o preço do nosso orgulho».

Mudança de vida

Que pode significar para um casal a reversão de uma esterilização? Já sabemos que não implica a promessa de uma nova vida. Mas há outros efeitos valiosos.

Anne declara:

«É tão bonito voltar a caminhar no universo moral! A liberdade e a alegria são surpreendentes. Além disso, Deus serviu-se de nós para sermos testemunhas da doutrina da Igreja junto de outros casais».

Judith descreve as descobertas espirituais: «Uma fé mais profunda, um amor mais intenso e uma maior percepção das consequências do pecado». E Sandra Smith conclui: «Recuperei a minha feminilidade».

De fato, curamo-nos quando distribuímos amor a mãos cheias. Os Dickensons escrevem:

«Aos quarenta e seis anos de idade, consultei um médico sobre a possibilidade de reversão da laqueadura de trompas. Mas era tarde, além de que custava quinze mil dólares.

«Optamos pela adoção, e Deus fez com que nos coubessem três filhos maravilhosos. Isso ajudou a preencher o vazio do meu coração»[8].

E, como vimos, há casos em que o Senhor restabelece a capacidade de gerar uma nova vida depois de os casais terem desfeito a esterilização. Bob e Lori contam-nos o que se passou com eles:

«Como já tínhamos cumprido a nossa missão tendo vários filhos, pensamos que a decisão "responsável" era que Bob fizesse vasectomia. Amávamos muitíssimo os nossos filhos, mas, passados dois anos, descobrimos que a nossa decisão não era realmente a de quem considera os filhos como uma bênção de Deus.

«Pelas orações de muitas pessoas e pela graça de Deus, retornamos à Igreja Católica, percebemos a gravidade do nosso erro e recorremos à Confissão com muita dor e arrependimento.

«Um amigo nosso disse-nos que tinha lido um artigo so-

---

(8) Talvez hoje – por conta da violência e das doenças que deixam muitas crianças órfãs por todo o mundo – seja mais urgente a necessidade de os casais se abrirem generosamente à adoção. Certamente, ao acolherem esses filhos, fazem um grande bem à sociedade, a si próprios e, evidentemente, ao novo filho.

Além desse aspecto, os casais sem filhos devem ficar tranquilos e ter em conta o conselho que dava São Josemaria Escrivá: «Em primeiro lugar, eu lhes direi que não devem dar-se por vencidos com demasiada facilidade. É preciso pedir a Deus que lhes conceda descendência, que os abençoe – se for essa a sua vontade – como abençoou os patriarcas do Antigo Testamento. Depois, é conveniente que recorram a um bom médico, elas e eles. Se apesar de tudo, o Senhor não lhes der filhos, não devem ver nisso nenhuma frustração; devem ficar satisfeitos – descobrindo nesse fato precisamente a Vontade de Deus em relação a eles. Muitas vezes o Senhor não dá filhos porque pede mais. Pede que se tenha o mesmo esforço e a mesma entrega delicada ajudando o próximo, sem o júbilo bem humano de ter filhos. Não há, pois, motivo para se sentirem fracassados nem para darem lugar à tristeza» (Josemaria Escrivá, *Entrevistas com Mons. Josemaria Escrivá*, 4ª ed., Quadrante, São Paulo, 2016, n. 96; N. do T.).

A ESTERILIZAÇÃO

bre operações de reversão de vasectomias, que incluía informação sobre médicos que as faziam e que não eram careiros. Consultamos um deles e Bob fez a operação para reparar o nosso pecado.

«Além de que a nossa vida conjugal melhorou enormemente, aumentou o respeito mútuo e somos menos egoístas, Deus abençoou-nos com duas crianças, que se juntam às suas três irmãs mais velhas no caminho rumo ao céu».

Ainda que os defensores da esterilização sustentem que a vida do casal se simplifica, a verdade é que se complica mais, como acontece com todo pecado. A esterilização é perigosa para a saúde, para a vida conjugal e para a vida da alma. Animemos os esposos a abraçar o Senhor no nosso caminho de fé, a abraçar a verdade e a abraçarem-se um ao outro num amor fecundo, que gera vida.

PARTE VI
Viver e deixar um legado

A chamada de Deus ao casamento

Todos procedemos de famílias. Muitos de nós temos ou teremos a nossa própria família. «*O futuro da humanidade forja-se na família*», disse João Paulo II[1].

Como recebemos a nossa herança de fé e a vivemos de tal maneira que deixemos esse legado aos que vierem depois de nós? Respondendo à chamada que Deus nos faz à fidelidade, à fecundidade, à santidade e à virtude heroica.

Chamados a ser fiéis

Aprender a fé

Aprender a fé não é o mesmo que assistir a umas aulas na paróquia. É estudar continuamente as verdades que contém e levá-las à prática dia após dia.

---

(1) João Paulo II. Exortação Apostólica *Familiaris consortio*, n. 86.

Depois de cinquenta anos de matrimônio, um casal declarou que continuava a procurar crescer na fé:

«Lemos livros excelentes de comentários sobre a Bíblia, nunca deixamos de rezar e procuramos crescer no aspecto mais importante da nossa vida: ter uma relação pessoal cada vez mais estreita com Jesus, o Pai e o Espírito Santo».

A fidelidade a Cristo exige uma aprendizagem contínua sobre Ele e sobre todos os ensinamentos da sua Igreja, particulamente a propósito da doutrina sobre o matrimônio.

Monica, de LaCrosse, Wisconsin, escreve:

«Apesar de ter frequentado uma escola católica durante doze anos, nunca recebi uma educação orientada para a fé católica. Nunca ouvimos falar da *Humanae vitae* ou dos ensinamentos da Igreja sobre o amor, a vida ou a família. Os meus filhos estudarão os documentos pontifícios sobre a família».

As prioridades da vida

A fidelidade a Cristo significa viver as prioridades corretas na nossa família. Primeiro Deus, depois o cônjuge e, em terceiro lugar, os filhos. Embora os desafios de levar adiante uma família em termos de tempo e energias possam dar às vezes a sensação de que a ordem está invertida – primeiro os filhos, depois o cônjuge e por fim Deus –, devemos lutar continuamente por manter a ordem correta do nosso amor e do nosso compromisso.

Eis o que disseram Don e Mary, de Leesburg, Flórida:

«Demos início à nossa vida conjugal com uma confiança incondicional em Deus. Passaram-se cinquenta anos, oito

A CHAMADA DE DEUS AO CASAMENTO 249

gravidezes, treze netos, quatro bisnetos, e agora estamos mais apaixonados do que nunca um pelo outro! Bendito seja Deus!»

Castidade matrimonial

Deus quer que vivamos uma vida casta, quer estejamos casados ou não: «A vontade de Deus é a vossa santificação, que vos abstenhais da fornicação, que cada um saiba guardar o seu corpo em santidade e honra, sem deixar-se arrastar pelas paixões libidinosas, como os pagãos, que não conhecem a Deus» (1 Tes 4, 3-5).

Toda a nossa família estava reunida num jantar na véspera do casamento do nosso irmão mais novo. Papai levantou-se e disse: «Quero dar testemunho diante de vocês, e especialmente diante dos nossos sete netos mais crescidos, da bondade de Deus e da fidelidade dos meus filhos e seus cônjuges. Mimi e eu éramos virgens quando nos casamos. E agora os nossos cinco filhos chegaram virgens ao casamento, tal como os seus cônjuges, e tudo isso pelo compromisso com Cristo e com a pureza. É uma herança maravilhosa!»

É uma graça muito grande, porque a pureza procede de corações submetidos ao Senhor. Ninguém pode permanecer puro sem a força de Deus. Que grande riqueza espiritual para dar aos netos: um legado de pureza e autodomínio!

A castidade na vida de um casal é essencial: é uma expressão da nossa fidelidade a Cristo. Meditemos no que Deus nos diz por meio do profeta Malaquias. Quando os sacerdotes casados da época do profeta eram infiéis à esposa, o Senhor não escutava as suas orações. Malaquias disse-lhes que a sua infidelidade matrimonial era uma infidelidade a Deus. Mas se se arrependessem e fossem fiéis à esposa por fidelidade a Deus, receberiam a bênção da descendência divina (cf. Mal 2, 13-16).

Fidelidade a Deus e à sua Igreja

A fidelidade a Deus implica a fidelidade à sua Igreja. Em vez de desconfiarmos dos ensinamentos da Igreja, especialmente no tema da abertura para a vida, temos de ver essa doutrina como um prolongamento do amor e da preocupação do nosso Pai celestial por nós. Jim e Nancy, de Omaha, exprimiram-no de um modo encantador: «Por que a Igreja nos põe limites? Porque é a guardiã da nossa alma e nos ama profundamente».

A chamada à fecundidade

Fecundidade espiritual

Uma mãe oferece aos seus filhos mais do que ela recebeu como filha. Diz uma delas: «Gostaria de ter crescido numa família católica onde a fé fosse amada, praticada, obedecida, ensinada e compartilhada. Pela graça de Deus, este é o nosso objetivo com os nossos filhos».

Quando abrimos o nosso coração e a nossa mente (e o nosso corpo) à fecundidade física, experimentamos também a graça da fecundidade espiritual.

A quem amar com prioridade

Recebemos o dom do amor divino através da pessoa de Jesus. E Jesus chama-nos a receber o presente do amor através do nosso cônjuge. A nossa comunhão de amor baseia-se em Deus, que nos amou primeiro. Daí virá a nossa fecundidade:

«Permanecei em mim e eu em vós. Como o ramo não pode dar fruto se não permanece na videira, vós também não, se não permanecerdes em mim [...] Quem permanece em mim e eu nele, esse dá muito fruto, porque sem mim não podeis fazer nada [...]. Nisto será glorificado o meu Pai, em que deis muito fruto» (Jo 15, 4-5.8).

Ele é a fonte da nossa vida.

Dentro da vocação matrimonial, o meu esposo ou esposa é um dos meus principais canais da graça. Temos de manter esse canal desobstruído pela fidelidade e pela abertura à vida. Devemos amar as pessoas e usar as coisas, em vez de amar as coisas e usar as pessoas. Deus quer que O amemos e amemos o nosso cônjuge de tal maneira que o nosso amor floresça numa nova vida.

A chamada ao heroísmo

O senhorio de Cristo

Muitas vezes, temos a impressão de que, se damos a Deus uma hora de Missa aos domingos, cumprimos com as nossas obrigações religiosas: Deus deveria dar-se por satisfeito. Mas não é assim.

O Senhor quer *todo* o nosso coração, *toda* a nossa mente, *toda* a nossa alma e *todas* as nossas forças (cf. Deut 6, 4-5). Ele quer os domingos..., mas também as segundas-feiras, as terças, as quartas, as quintas, as sextas e os sábados. Quer todo o nosso talento, todo o nosso tempo, todas as nossas posses... e, sim, toda a nossa fertilidade também. Esta é a chamada heroica que os adolescentes têm de ouvir, porque muitas vezes vão murchando e a caminho de morrer por não saberem que há Alguém por quem vale a pena morrermos para nós mesmos e viver por Ele.

Não somente damos ao Senhor as nossas vidas, mas também Lhe confiamos as nossas famílias. Confiamos nEle quando não nos abençoa com filhos e quando nos abençoa com muitos filhos. Ele é fiel e age conosco e através de nós para que se cumpra a sua Vontade.

É preciso viver a Vontade de Deus à maneira de Deus. São Paulo ensina claramente no capítulo V da Epístola aos Efésios de que modo um marido e a esposa podem refletir o mistério da relação de Cristo com a Igreja em favor de todo o mundo, se vivem a Vontade de Deus levando à prática o seu plano detalhado para o matrimônio.

Um marido deve imitar Cristo dando a sua vida pela da esposa. Deve abraçar a santidade através do seu próprio sacrifício. Alguns destes sacrifícios são específicos dele. Como chefe de família, é chamado a uma liderança de serviço, mais do que a uma autoridade dominadora no seio da família.

São Paulo pede dos maridos que amem a sua mulher como ao seu próprio corpo (cf. Ef 5, 28-29). Por vezes, as manifestações de carinho, mais do que o ato conjugal, fazem com que a mulher sinta a profundidade do amor do marido (os filhos sentem-se muito amados quando veem papai e mamãe «cochichando na cozinha!»). E vice-versa.

Uma jovem casada e com filhos chega a ser uma especialista nas necessidades dos seus filhos, mas às vezes pode esquecer as necessidades, muito reais, do esposo. Talvez este não esteja aberto a ter outro filho porque se sente como se nunca pudesse estar a sós com a esposa. Talvez não se sinta atendido. É uma preocupação legítima.

Por sua vez, o marido deve ter consciência das necessidades pessoais da esposa e de rezar por ela. A esposa precisa de uma conversa de adultos sem interrupções, sentir que os seus pensamentos também contam. Precisa de tempo para rezar e para distrair-se, para poder renovar-se em espírito e corpo e dar ainda mais de si mesma à família. Quanto mais um marido amar realmente a sua mulher como Cristo ama a sua Igreja, tanto mais verá o coração da sua esposa aberto a mais filhos.

A relação entre os esposos é fundacional: antes de chegarem os filhos estavam juntos apenas os dois; e voltarão a estar juntos apenas os dois quando os filhos tiverem partido para fundar o seu próprio lar. Agora é o momento de cuidar da relação, para que o amor conjugal prospere a longo prazo. Para isso, precisam de um pouco de tempo sem as constantes interrupções dos pequenos.

As esposas precisam dessas pausas tanto como os maridos, para serem os melhores pais que puderem ser. E também precisam de um tempo de oração, sós e juntos. Precisam desse tempo para estar com o Senhor e fortalecer-se; caso contrário, afastar-se-ão afetivamente e a relação murchará.

Tanto o marido como a mulher são chamados a dar a vida por Cristo e um pelo outro. Esta espécie de morte para si mesmo requer um heroísmo invisível, sereno, tanto mais que muitos dos sacrifícios passam despercebidos. Ainda que muitas das formas em que cada esposo se entrega se repitam semana após semana, podemos aproximar-nos de Deus através dessas tarefas correntes. As responsabilidades podem ser as mesmas, mas nós mudamos: crescemos em santidade escolhendo Cristo e escolhendo o nosso cônjuge *cada dia*.

Generosidade heroica

A generosidade heroica procede da virtude heroica. Ter filhos requer que os pais, como também os filhos, cresçam em virtude.

Faz-nos um bem imenso lutar contra o egoísmo. Será possível que uma das razões pelas quais há uma crise de vocações para o celibato – quer no sacerdócio, quer nos diversos modos de entregar-se completamente a Deus no exercício de uma profissão – seja o comportamento egoísta dos pais no ambiente do lar?

Os avós também são chamados a perseverar na generosidade heroica com que levaram para a frente a sua família, cheios de esperança. Não há aposentadoria no serviço cristão. Os filhos adultos (filhas e genros, filhos e noras) sempre precisarão do amor generoso, do apoio e do estímulo de seus pais. Este espírito de serviço não cessa, embora haja uma diferença importante entre ser pai e mãe de uns filhos pequenos e de uns filhos que já constituíram família.

Os avós não devem subestimar a importância da sua relação, não só com os filhos casados, mas também com os netos. Têm de preparar o coração para receber todos os netos como um presente que são. Com que frequência as pessoas reconhecem a influência que os avós exerceram na sua vida! Sobretudo pela herança de fé que lhes deixaram. Que os avós se lembrem de que «os netos são a coroa do ancião» (Prov 17, 6) e de que uma forma de Deus abençoar um casal piedoso é dar-lhes netos: «Que vejas os filhos dos teus filhos!» (Sal 128, 6).

Abraçar a Cruz

Somos chamados a imitar Cristo, o herói definitivo. E Ele disse: «Se alguém quiser vir após mim, negue-se a si mesmo, tome a sua cruz e siga-me» (Mt 6, 24-25).

Fomos chamados a viver uma vida heroica na abertura à vida, conscientes de que a nossa maior fonte de alegria é deixar que seja Deus quem construa a nossa família, porque, caso contrário, o nosso trabalho será vão (cf. Sal 127).

Ao desafio e ao sacrifício que essa colaboração com o Construtor divino supõe, respondamos:

Sim ao Senhor com todo o nosso ser, incluído o nosso corpo, incluída a nossa fertilidade;

Sim ao nosso cônjuge numa entrega total que reflita o nosso amor mútuo;

Sim ao Senhor, fonte de toda vida que abençoa a nossa comunhão matrimonial tornando-nos fonte de vida.

Como o Pai, o Filho e o Espírito Santo de quem recebemos a vida, sejamos pessoas que geram vidas porque amam, e que amam a vida porque se entregaram abnegadamente!

ESTE LIVRO ACABOU DE SE
IMPRIMIR A 15 DE MAIO DE 2025.